CHARLES LIMOUZIN & GASTON DE PARIS

L'HIVER 1876
A
NICE ET A MONACO

Les Parterres de Nice. — Souvenirs et propos de joueurs. — Profils et Silhouettes. — Un Bal masqué chez Mme Sabatier. — Les Courses. — Le Tir aux pigeons. — Les Fêtes du Carnaval. — Une Histoire vraie. — Revues Mensuelles. — Les Concerts. — Médaillons et Camées.

PRIX : 3 francs

NICE
IMPRIMERIE NIÇOISE (ASSOC. OUVRIÈRE), VERANI ET Cie
Boulevard du Pont-Vieux, 32
1876

DES MÊMES AUTEURS

POUR PARAITRE

Au mois de Novembre prochain

UNE FORTUNE
A MONACO

GRAND ROMAN DE MŒURS

SERA EDITÉ A PARIS

L'HIVER 1876

A

NICE ET A MONACO

—

CANNES ET MENTON

CHARLES LIMOUZIN ET GASTON DE PARIS

L'HIVER 1876

A

NICE ET A MONACO

CANNES ET MENTON

Prix du volume : 3 francs

NICE
IMPRIMERIE NIÇOISE (ASSOC. OUVRIÈRE), VERANI ET Cⁱᵉ
Boulevard du Pont-Vieux, 32
1876

Tous droits réservés

A

Son Excellence

Monseigneur Constant Succès

L'HIVER 1876.

PRÉFACE

—

Sous ce titre explicatif que nous avons adopté avec empressement : *L'Hiver de 1876 à Nice et à Monaco*, il y avait à écrire un volume à la fois bien réjouissant, bien gros et bien instructif. Cinq cents pages, au lieu de trois cents, n'eussent pas été de trop pour raconter au monde moral comme au monde physique, sans compter tous les autres mondes, le secret d'une foule d'intrigues qui, du moment qu'elles existent, prouvent que nous vivons entourés d'intrigants. Nous eussions alors semé et parsemé ce livre de révélations bien autrement délayées, quoique croustillantes. Rien de ce qui s'est passé à Nice durant ces mois d'hiver et divers n'eût été omis. Chaque fait condamnable ou condamné (entre les deux nous ne faisons pas de différence) aurait eu sa place marquée ici, non pas au fer rouge, comme les criminels de l'ancien temps, mais à l'encre la plus noire et la plus acide.

Pour cela, il nous eût fallu pouvoir disposer d'un temps matériel qui nous a manqué, ce qui n'empêche pas qu'on trouvera dans l'*Hiver de* 1876 toute une cargaison d'*indiscrétions*, de *racontars*, de *portraits*, d'*observations*, d'*anecdotes*, d'*études* et de *bons mots* dont le seul tort, à nos yeux, est d'avoir la place mesurée. Il est des cas où l'espace fait parfois défaut. Tel est celui-ci.

A tout ceci, on va sans doute nous objecter :

— Personne ne vous empêchait de vous y prendre plus tôt et de publier votre livre en janvier, ce qui eût été préférable à tous les points de vue. Mais ces écrivains n'en font jamais d'autres !

Votre raisonnement, chers lecteurs, a ceci de particulier avec les grecs, c'est qu'il ne manque pas de portée, attendu que beaucoup d'étrangers, qui étaient à Nice en janvier, n'y sont plus en mars. Cela est vrai. Mais, d'autre part, voyez un peu dans quelle situation critique et tendue nous nous trouvions. *L'Hiver de*

1876 à *Nice et à Monaco* a la prétention d'être une revue rapide des évènements gros et petits de la saison. Or, comment admettre la possibilité de rapporter, par exemple, le 10 janvier, cette instructive conversation :

Comme on demandait au sieur X... qui l'avait créé chevalier, il répondit avec assurance :

— Le roi.

— Oui, fit un témoin, le roi de pique.

Et c'était vrai, X... étant un chevalier... d'industrie.

Comment, disons-nous, aurions-nous pu, le 10 janvier, vous redire ce propos, du moment qu'il est avéré qu'il a seulement été tenu, promenade des Anglais, par une belle matinée du mois de février.

Ainsi donc, nous nous trouvions dans

cette perplexe alternative : ou d'écrire en décembre un livre muet sur janvier et février, ou de paraître dans les premiers jours de mars. Après une série d'hésitations, nous nous sommes arrêtés à ce dernier moyen, persuadés que *L'Hiver de 1876* a, grâce à cette sage décision, moins perdu de lecteurs qu'il n'a gagné d'informations.

CHARLES LIMOUZIN, GASTON DE PARIS.

Nice, le 4 mars 1876.

L'HIVER 1876
A
NICE ET A MONACO

CANNES ET MENTON

LES PARTERRES DE NICE

Il fut un temps où Nice, non contente d'avoir ses parterres de fleurs, avait aussi son parterre de rois. Ce fut d'abord Napoléon III. Puis l'empereur Alexandre et le Czarewitch, mort en 1865 à la villa Bermond. Après vint le vieux roi de

Bavière, mort également. Depuis, les têtes couronnées semblent avoir émigré du côté des succursales de Nice, comme à Cannes, à Menton et à San-Remo. Il y a quelques années, Menton offrit l'hospitalité à une archiduchesse d'Autriche descendue à l'*hôtel Victoria*. L'hiver dernier, San-Remo eut l'impératrice de Russie et l'avant-dernier roi d'Espagne, le prince Amédée.

Menton compta parmi ses hôtes le prince de Galles, que nous possédâmes, à notre tour, pendant quelques jours.

Cette année, le prince et la princesse Amédée sont seuls revenus à San-Remo. Cannes, de son côté, possède la reine de Hollande et l'héritier du trône des Pays-Bas, le prince d'Orange. Quant à nous, les seuls rois qu'il nous arrive maintenant de rencontrer quelquefois, ce sont les rois d'atout, ce qui ne nous empêchera pas de raconter sur le prince d'Orange les deux anecdotes suivantes.

∴

POURQUOI LE PRINCE D'*Orange* EST CONNU SOUS LE NOM DE *Citron*.

C'était en 186... Le prince d'Orange, voyageant en Suisse, rencontra le duc de Grammont-Caderousse, de regrettée mémoire.

Les deux personnages, qui se connaissaient, dînèrent ensemble et en joyeuse compagnie. Toutefois, malgré l'intimité du repas, le duc de Grammont-Caderousse, probablement disposé ce soir-là à la réserve, conservait un maintien plus froid que d'ordinaire. Ce que voyant, le prince d'Orange lui dit :

— Allons, duc, rappelez-vous que, moi aussi, je suis jeune homme, et, par conséquent, ami des distractions. Qu'il n'y ait donc pas de gêne entre nous et sachons nous amuser.

A cette invitation toute de camaraderie, le duc répondit pas ces paroles, en levant son verre :

— Eh bien, *Citron*, à ta santé !

Et voilà pourquoi, le mot ayant été retenu, le prince d'Orange a gardé le nom de Citron — parmi ses intimes.

.·.

La seconde anecdote est beaucoup plus récente. Elle date à peine de trois semaines.

Le prince d'Orange, étant venu passer vingt-quatre heures à Nice, confia à son valet de chambre la mission de lui retenir un appartement dans l'un des principaux hôtels.

Dans le premier hôtel, le valet de S. A.

ne trouva pas la moindre chambre à coucher. Il alla dans un second. Tout était pris. Il se rendit à un troisième, un hôtel de la promenade des Anglais.

— Je voudrais un appartement pour le prince d'Orange.

— Le prince d'Orange ! nous ne le connaissons pas.

— C'est possible, mais il ne demande pas moins qu'on mette pour cette nuit un appartement à sa disposition.

— Allez vous promener avec *votre* prince, il n'y a rien pour lui ici.

Et le valet de S. A. dut s'en aller comme il était venu, ce qui fit que son maître fut obligé de coucher à London-House.

Le prince d'Orange, on l'a su depuis, avait été pris à l'hôtel... pour un *prince d'occasion*.

Ce qui prouve mieux que n'importe quel commentaire que les princes de cette espèce ne sont pas rares à Nice.

L'hiver 1875-76 aura eu ceci de particulier qu'il n'aura donné lieu à aucune exécution retentissante.

Entendons-nous : on a exécuté beaucoup de contredanses, mais pas l'ombre d'un *grec*. C'est désolant, en vérité. La ville de Nice aspirerait-elle à mériter le surnom de *Notre-Dame des Joueurs* ? Quoi, pas le moindre major Harbord, pas la plus légère portée, pas la plus innocente tricherie ? Rien que d'honnêtes joueurs dans les cercles ?

Mais alors, qu'est-ce que vont devenir les tribunaux ?

On n'ose pas y songer sans terreur.

Tout ceci cachait un mystère.

On s'expliquera sans peine que nous ayons cherché à le percer. Et nous avons bien fait, puisque nous sommes parvenus à en saisir la clé, que voici, d'ailleurs, dans toute son enfantine simplicité. Il y a eu, cette année, autant de chevaliers du saut de la coupe que les années précédentes ; seulement, ils ont eu sur leurs prédécesseurs l'inappréciable avantage de ne pas se faire *pincer*. Ils s'en vont, les uns après les autres, enchantés de leur saison et se promettant bien de revenir l'année prochaine dans ce pays de Cocagne, où tous les amants de la dame de Pique peuvent se *piquer* d'être les bienvenus.

.˙.

Par exemple, une chose aussi surprenante que difficile à comprendre, c'est la naïveté des Robert-Macaire de l'as de cœur qui viennent pratiquer à Nice leur honorable profession et qui s'imaginent être méconnaissables parce qu'ils se sont affublés de noms qui ne sont pas les leurs. Est-ce qu'ils se figureraient, par hasard, que les cercles de Nice sont des pensionnats de demoiselles ? Tout bien pesé, leur illusion pourrait encore s'expliquer, en ce sens que, par une coïncidence bizarre, ils paraissent être inconnus de ceux qui, précisément, auraient le plus d'intérêt à les connaître. C'est ainsi que nous avons rencontré, cet hiver, certains types que nous connaissions de longue date comme des *grecs* avérés, et que nous avons appris qu'ils avaient accès dans les principaux cercles de Nice.

※

Qu'on n'aille pas croire à une plaisanterie ; il y en a une pépinière pas plus loin qu'à... l'hôtel des Étrangers. Ces adroits escamoteurs s'étaient fait passer : qui pour d'honnêtes rentiers, qui, pour des représentants de maisons de commerce importantes.

Il y en avait un, entre autres, qui paraissait être le chef accrédité de cette bande de drôles, et que nous avons parfaitement reconnu à cause d'une infirmité physique qui saute aux yeux. Cet habile escroc, qui a commencé, à Paris, par mendier, menait, à Nice, un train de vie très-cavalier. Mais où prenait-il l'argent nécessaire pour subvenir à ses coûteuses fantaisies ? Nous nous sommes laissé dire qu'il était d'une adresse peu commune dans le maniement des cartes. Cela pourrait expliquer bien des choses.

Comme on le voit, s'il n'y a pas eu d'exécutions, ce n'est pas la faute des escamoteurs — qui n'ont cependant pas manqué.

L'infirme en question nous remet en mémoire certain manchot qui excellait à filer la carte. Ses partenaires avaient en lui une confiance illimitée ; aucun d'eux n'aurait soupçonné qu'il pût tricher avec une seule main. Mais il paraît que les deux ne sont pas nécessaires, puisqu'à la fin on découvrit ce qu'on appelle vulgairement « le pot aux roses ». Notre manchot passa la Manche, et tout fut dit. A l'heure qu'il est, il exerce en Angleterre.

Un sceptique de nos amis, auquel nous racontions cette aventure, a émis cette opinion qui ne manquera pas d'être fort agréable à nos voisins d'outre-mer : « Si tous ceux qui *filent* la carte, *filaient* en Angleterre, la besogne de la police française serait considérablement simplifiée, puisqu'elle n'aurait plus à s'occuper de les *filer*. »

Quelques personnes bien intentionnées, mais naïves, vont crier à la calomnie et ne manqueront pas de nous accuser d'exagération.

— Comment, va dire M. Joseph Prudhomme, — un honnête propriétaire tellement fier d'être *membre d'un Cercle* qu'il s'imagine que *son* Cercle n'ouvre ses portes qu'aux seuls gens recommandables, — comment, vous voudriez nous faire croire qu'il se glisse des filous dans nos rangs, à notre nez, à notre barbe, et cela sans que nous nous en apercevions ! Vous nous prenez donc pour des Géronte, messieurs de la presse ? Laissez donc là ces sornettes auxquelles aucun homme n'ajoutera pas plus foi qu'à l'obésité de M. Prodgers !

— Tout beau, M. Prudhomme, calmez-vous ! Nous n'avons pas eu l'intention de suspecter votre bonne foi personnelle.

seulement, nous croyons avoir quelques raisons de penser que votre bonne foi est souvent surprise et que...

— Alors, vous nous prenez pour des imbéciles ! En vérité...

— Mais, M. Prudhomme, vous interprétez mal...

— Brisons là, Messieurs, je ne veux pas entendre d'explications. Nous savons parfaitement à qui nous avons affaire.

Et M. Prudhomme, heureux et satisfait, se drape dans sa dignité... et dans sa simplicité.

C'est une *veste* comme une autre.

Par exemple, comme il n'y a pas à Nice que des Joseph Prudhomme, nous allons initier les malins aux moyens employés par des chevaliers d'industrie pour se faufiler dans les Cercles, où ils font de si jolis *coups de filet*. Par exception, cette fois, ce sont ces produits de l'alphonsisme qui tiennent le filet — au lieu de se trouver dedans.

Personne n'ignore que les vrais chevaliers d'industrie — nous laissons à dessein decôté le menu fretin — ne manquent pas plus d'argent que d'audace et qu'ils sont tous nantis d'excellents certificats. Il n'y a encore qu'eux pour être parfaitement en règle sous tous les rapports.

Or donc, lorsqu'un de ces Mandrins de cartes daigne diriger ses vues sur Nice et qu'il projette d'y établir le théâtre de ses futures opérations, — tout comme Lemercier de Neuville, sans comparaison bien entendu — n'allez pas croire qu'il prenne tout bonnement son ticket et qu'il débarque comme cela de but en blanc. Pas si bête. C'est bon pour les apprentis.

L'adroit chevalier prépare les choses de longue main. Environ deux mois avant son arrivée, il adresse à un des banquiers de Nice les plus connus une somme de vingt mille francs qu'accompagne une lettre ainsi conçue :

Monsieur Bondépot
Banquier
Nice.

Monsieur,

Ayant l'intention de faire un séjour de quelques mois à Nice cet hiver, je vous fais parvenir une somme de vingt mille francs, que vous voudrez bien tenir à ma disposition et dont vous me servirez les intérêts à mon domicile : Maximilianstrasse 397, à Vienne (Autriche).

Vous voudrez bien m'accuser réception de cette somme par retour du courrier.

Je vous prie d'agréer, Monsieur Bondépot, l'assurance de ma parfaite considération.

Baron de Troisportées.

— Bravo! se dit le banquier en se frottant les mains — en attendant qu'il se brosse l'abdomen — bravo ! cela promet pour la saison ! Nous aurons du beau monde cet hiver.

Et cet excellent M. Bondépot caresse déjà l'idée de se faire construire un hôtel sur la Promenade des Anglais.

*
**

Deux mois se passent.

M. Bondépot a servi ponctuellement à son nouveau client les intérêts de la somme versée entre ses mains, mais sans plus entendre autrement parler de son propriétaire, qui demeure pour lui aussi inconnu que celui du *Château de l'Anglais.*

Un matin, un Monsieur, fort élégamment vêtu et possesseur d'excellentes manières, se présente dans les bureaux du banquier, auquel il demande à parler *personnellement*.

On l'introduit dans le cabinet de M. Bondépot.

— M. Bondépot, dit l'étranger en s'inclinant, je suis le baron de Troisportées. .

— Donnez-vous donc la peine de vous asseoir, interrompt M. Bondépot en se levant devant son client.

Ce dernier prend un siége et invite M. Bondépot à se remettre.

Pendant quelques minutes, on pourrait croire qu'ils jouent tous les deux *à la bascule*. Il n'en est rien. Le petit manége terminé, l'étranger reprend :

— Je suis le baron de Troisportées ; je vous ai fait parvenir vingt mille francs à telle date... voici vos reçus... j'espère que...

— Parfaitement, Monsieur le baron, cela suffit.

(Ici un silence, pendant lequel ces deux messieurs s'examinent attentivement.)

— M. Bondépot, poursuit le baron, je vous serai obligé de vouloir bien me faire remettre cinquante louis, car je suis venu avec peu d'argent, n'aimant pas à voyager avec des valeurs.

— Vous avez bien raison... Si M. le baron veut passer à la caisse, je vais donner l'ordre de lui remettre la somme en question.

M. le baron de Troisportées empoche le billet de mille francs, salue gracieusement M. Bondépot, et part.

— C'est un homme très-bien, pense le banquier, il a l'air très comme il faut. On aura beau dire, les vrais gentilshommes, ça se reconnait de suite ; ils ont un je ne sais quoi qui les empêche d'être confondus avec les premiers venus.

Excellent M. Bondépot, va !

.'.

Quelques jours s'écoulent.

M. le baron de Troisportées revient à la charge.

— Ne sachant quoi faire de mon temps, dit-il au banquier, je suis allé visiter Monaco, j'ai joué et j'ai perdu ; je viens vous redemander cinquante louis.

— Tout ce que vous voudrez, répond M. Bondépot.

Et un second versement s'effectue entre les mains de M. le baron de Troisportées.

— M. le baron vient peut-être à Nice pour la première fois? interroge le banquier en manière de conversation.

— Oui, monsieur.

— Quel merveilleux pays ! n'est-ce pas, monsieur le baron, quel beau soleil !

— C'est vrai, mais cela ne suffit pas pour tuer le temps.

— M. le baron s'ennuierait-il déjà ?

— Pas positivement, mais, enfin, vous savez, on a ses petites habitudes auxquelles il est difficile de renoncer comme cela tout d'un coup. Ainsi, à Vienne, je demeure à deux pas du Jockey-Club..... j'y passais presque toutes mes après-midi et la plus grande partie de mes nuits... tandis qu'ici....

— Mais, à Nice aussi, monsieur le baron, nous avons des cercles !

— Sans doute, mais comme j'ai négligé de demander au Jockey-Club des lettres d'introduction et que je suis absolument étranger à la ville, il m'est difficile de me présenter comme cela... tout seul... puisque l'usage exige...

— Qu'à cela ne tienne, M. le baron, je me ferai un plaisir de vous présenter à mon cercle.

— Vous me sauvez la vie, mon cher banquier, grand merci, j'accepte avec reconnaissance.

Le lendemain, M. le baron de Troisportées fait partie du Cercle ***.

Le tour est joué.

Le loup est dans la bergerie.

Cela n'est pas plus difficile que de pincer un changeur en délit d'usure.

.˙.

On ne joue pas que de l'argent dans les cercles de Nice ; on y joue quelquefois aussi l'étonnement, lorsqu'on apprend, par exemple, un beau matin, que M. le comte de la Veine, regardé, depuis six semaines, avec l'œil de la *considération la plus distinguée,* n'est tout bonnement qu'un chevalier d'industrie de la plus vulgaire extraction.

On vient de voir tout à l'heure à quels expédients ont généralement recours les grecs visant une réception à la Méditerranée ou au Masséna. Notez que le stratagème est le plus souvent couronné d'un succès auprès duquel celui de *Fagotin,* dans le grand prix de Monte-Carlo, est d'une maigreur qui rappelle Mlle Nordmann.

Les grecs, il faut bien le dire, ont généralement l'imagination aussi ornée que la boutonnière du général russe ***. Si un moyen ne leur réussit pas, ils en emploient un autre. A défaut de la porte, ils passent volontiers par la fenêtre — surtout quand le moment est venu de se sauver.

Etant admis que le banquier est la *ressource* principale des escrocs de profession, le docteur, de son côté, figure à l'état d'objectif précieux. On ne le perd pas de vue. On le ménage pour les besoins de la cause. Et, à cet effet, on l'appelle fréquemment en consultation, à raison de dix francs la visite. Un filou intelligent donnera même un louis. En doublant la somme, il double du même coup ses chances de succès. Car, enfin, il n'y a pas d'exemple qu'un médecin ait jamais écouté avec indifférence un client de trois semaines qui lui dit à brûle-pourpoint :

— Docteur, un service. Vous êtes membre du Cercle Masséna. Faites-moi donc l'honneur de me servir de parrain.

— Mais bien volontiers, répond le médecin en rajustant ses lunettes, au travers desquelles M. le comte de la Veine lui apparaît comme le plus honnête homme de la création.

Et lorsque, deux mois plus tard, on dit au docteur :

— Vous savez, le comte de la Veine, eh bien, c'était un fripon !

Le disciple d'Esculape répond naïvement :

— Allons donc, vous m'étonnez étrangement, un homme qui payait si bien les visites de médecin !

.⋅.

Ce qu'on ignore beaucoup trop, c'est que les grecs forment une vaste association, laquelle a des ramifications dans toutes les villes de France où le sommeil, pour certains désœuvrés, est remplacé par l'as de pique et le valet de carreau.

Chaque jour, ils correspondent régulièrement entre eux, ayant pour mot d'ordre de se tenir exactement au courant de ce qui se passe dans chaque localité. Leur organisation est même telle, que lorsqu'un de ces chevaliers d'industrie se sent *brûlé* dans un endroit, il en informe aussitôt ses complices, qui lui répondent en *déléguant*, par retour du courrier, un des leurs, d'où le vol à la *succession*.

.˙.

On ne saura jamais en combien d'espèces se divisent les joueurs, lesquelles se subdivisent à leur tour. C'est ainsi qu'on a :

Le joueur heureux ;

Le joueur indifférent ;

Le joueur nerveux ;

Le joueur rageur ;

Le beau joueur ;

Le joueur triste, etc.

Mais, de tous les joueurs, le plus intéressant au point de vue typique, c'est assurément

LE JOUEUR HABILE

Le joueur habile est, d'ailleurs, assez rare, grâce aux aptitudes spéciales qui le distinguent. Doué d'une force de caractère peu commune, il a ce qu'on appelle du « tempérament. » Aussi le voit-on rarement combattre sans vaincre. Quant à sa tactique, elle est des plus simples. Le joueur habile, contrairement aux autres joueurs, a pour habitude de se coucher de bonne heure — vers neuf heures. Le repos lui est indispensable. Il se lève à trois heures du matin, de façon à être au cercle à quatre heures.

Le raisonnement du joueur habile est,

en effet, celui-ci : c'est que des gens qui jouent depuis minuit sans trêve ni relâche, ou à peu près, sont pour la plupart exténués de fatigue. Le physique et le moral sont du même coup atteints. Car, sans compter que le corps a besoin d'un sommeil réparateur, l'esprit, de son côté, a perdu toute sa lucidité. Le cerveau n'a plus cette perception des choses qui fait qu'on peut avoir conscience de sa *veine* ou de sa *déveine*. A partir de ce moment, (M. de Bismarck l'appellerait psychologique), c'est le règne du trouble et de la confusion. Le joueur habile le sait bien. Aussi n'a-t-il qu'une seule parole pour exprimer sa pensée :

— A l'œuvre !

Après cela, qu'arrive-t-il ? On le devine aisément. Frais et dispos, le joueur habile, très-fort notamment au baccarat et à l'écarté, les jeux les plus accrédités dans les cercles, profite de toutes les fautes de ses adversaires, qui deviennent pour lui autant d'atouts. De telle sorte que, même à jeu égal, il est certain de gagner.

Le joueur habile qui, au surplus, n'a recours à aucune tricherie, peut se résumer en quelques lignes : *un joueur pour lequel le jeu n'est pas une passion, mais une profession, et dont la force est tout entière dans la fatigue, c'est-à-dire dans la faiblesse de ses adversaires.*

.˙.

Maintenant, a-t-on connaissance, à Nice, de JOUEURS HABILES ?

Réponse : Oui.

PROFILS ET SILHOUETTES

M. VEINARD

Au physique, un mât de cocagne. D'une certaine habileté au Tir aux pigeons. Se fait remarquer par une chance au jeu qui ne s'est jamais démentie. Périodiquement, le bruit court à Nice que M. Veinard vient de gagner un million. Renseignements pris, il ne s'agit que du quart de la somme. C'est déjà très honnête.

Signes particuliers : — A été connu à Nice successivement sous les noms de « capitaine » puis de « major Veinard. » Actuellement « baron. » Encore quelques

années et on ne l'appellera plus que
« maréchal Veinard. »

Quand on prend du galon on n'en saurait trop prendre...

Surtout à ce prix-là.

M. CHRONOMÈTRE

Dernier carré : 32-36. Blond et maigre. Est né avec un cylindre dans la tête. Règle le coup de canon de midi. Ponctuel comme un croupier, tous les jours, régulièrement, il se rend à cheval à Beaulieu, prend à cette gare le train de Monaco, joue, reprend le train jusqu'à Beaulieu et renfourche son cheval jusqu'à Nice.

Vous comprenez qu'on n'engraisse pas à ce métier-là. Aussi, M. Chronomètre, cavalier, ressemble-t-il, à s'y méprendre, à une paire de ciseaux qui aurait le goût de l'équitation. Avec cela une froideur qui donne à penser que cette paire de ciseaux est du plus pur acier.

LE COMMANDANT RRAN!

Fait rouler les *rrr*... comme s'il avait avalé un tambour. Officier retraité. Enrage de voir circuler dans les rues de Nice un tas de faux soldats qui, après avoir déshonoré leur uniforme, déconsidèrent à Nice le nom français.

Bonapartiste fervent, il a juré que, s'il ne devait en rester qu'un, il serait celui-là. Ceux qui le connaissent le savent homme à tenir son serment.

M. POSEUR

On dit qu'il a fait sa fortune à Marseille, dans le commerce des comestibles — ce qui ne l'empêche pas de se prétendre amateur émérite d'objets d'art.

Cinquante ans, les favoris frisés au fer, la démarche insolente et le regard hautain.

La caque sent toujours le hareng.

L'INDISPENSABLE

Ainsi nommé, parce qu'il n'y a pas de bonne fête sans lui. Organisateur sans égal, il trouverait moyen d'improviser un quadrille dans une baignoire. Très recherché à cause de son entrain et de son inépuisable complaisance. Par exemple, ne brille pas précisément par l'élégance de sa démarche. On ne peut pas tout avoir.

DON DUIS

Cet astre a son satellite — naturellement. C'est don Duis, jeune homme correct, quoiqu'un peu dur d'oreille. Don

Duis a appris tout Balzac par cœur — il vous en récitera des tirades entières quand vous le voudrez. Célèbre par les infidélités répétées de sa maîtresse, Miss Roulette, dont il a failli avoir un enfant qui se serait appelé *Rose-Gazette*, s'il était venu à terme. Heureusement pour don Duis, il y a quelque chose qui vient plus régulièrement à *terme* pour lui — ce sont ceux de ses locataires.

LE BIENNOMMÉ

Excelle dans le boniment pour les tirages de tombolas aux ventes de charité. N'a d'ailleurs que ce point de ressemblance avec Christian, l'acteur parisien. Collectionneur enragé, il émaille ses revers d'habit d'un assortiment complet d'épingles à cheveux qu'il recueille précieusement sur les tapis des salons qu'il fréquente.

Pourquoi cette manie ?

That is the question !

Nota-bene : Ses intentions sont pures.

LE COMTE MÉCÈNES

Ancien président du Cercle Masséna. Violoniste amateur très distingué. S'est ruiné pour les artistes qui, probablement, ne lui en savent aucun gré.

Conserve précieusement un Stradivarius qu'il tient de Paganini, qui fut son ami intime. Ne s'en débarrasserait pas quand on lui offrirait une fortune.

LE SOLEIL COUCHANT

Ainsi baptisé parce qu'on reconnaît, sous sa barbe et ses cheveux gris, qu'il a dû être, autrefois, blond ardent tirant sur le roux. Barbe-bleue en personne. Il en est à sa troisième femme. Son nom ne lui paraissant pas suffisamment ronflant, il l'a allongé d'une *aune* en y ajoutant celui d'une de ses défuntes.

Passe pour un joueur enragé — et heureux.

SOUVENIRS ET PROPOS DE JOUEURS

LES FÉTICHES

Il y a quelques mois, à Monaco, une joueuse attira particulièrement mon attention. C'était une jeune femme remarquablement jolie. Une blonde au profil grec et aux cheveux flavescents. Distinction parfaite. Un camée égaré au milieu de tableaux plus ou moins démodés.

Sa beauté seule me l'eût fait remarquer.

Son jeu me retint. Son jeu et un décor de sa toilette. Car elle portait au cou, en guise de broche, un fer à cheval en or entouré de brillants.

Elle jouait de fortes sommes et perdait beaucoup, malgré le singulier fétiche que je lui découvris, bien qu'elle le dérobât avec soin aux regards indiscrets de ses voisins.

Ce fétiche était un autre fer à cheval, un véritable fer à cheval, *ayant servi*. Il était retenu par une chaînette d'argent attachée à sa ceinture. En dehors du jeu, elle le tenait caché dans sa poche. A la table de roulette, elle le sortait discrètement, le posait sur le tapis et le couvrait de son éventail. Ce fer à cheval était sa corde de pendu, son talisman. Elle avait mis en lui toute sa confiance. Il devait la faire gagner. J'attendis donc le résultat de l'influence du fer à cheval sur le cylindre. En dix minutes la belle joueuse perdit quinze mille francs.

Ce résultat obtenu, j'allais m'éloigner lorsqu'un gentleman très-correct vint parler à la dame au fétiche. Je ne connaissais pas ce monsieur ; mais on m'apprit bientôt que c'était un sportman, M. X..., ayant tout récemment gagné une course importante à Paris ou à Londres, je ne sais plus trop.

L'histoire du fétiche était maintenant facile à deviner. Je sus, en effet, que le fer si précieusement porté ornait, au moment de la course, l'un des sabots du cheval vainqueur.

Malheureusement, il n'eut pas au tapis

vert la même chance que sur le turf, car la dame, ayant perdu, partit.

Et, depuis, on ne la revit plus.

.*.

Une autre fois, j'ai vu un joueur, porteur d'un petit sac contenant trente-six numéros, plus le zéro. A chaque coup, il tirait un numéro de son sac et jouait dessus à la roulette. Le hasard l'ayant souvent favorisé, il prétendait, quand il était en gain, qu'un homme ayant le *sac* ne pouvait moins faire que de gagner.

Puisse la roulette lui avoir conservé cette douce illusion !

.*.

Personnellement, il m'est arrivé de jouer là où je voyais des mouches se placer. Ces insectes *zélés* m'ont parfois valu d'assez jolis bénéfices. Ce qui me permettait de dire, lorsque je gagnais un numéro plein :

— C'est comme au tir, je viens de faire *mouche*.

⁂

Un mot charmant de M. J..., un habitué de Monte-Carlo.

C'était à l'époque de la fondation du Casino de Hombourg. J..., qui était alors un « débutant, » jouait gros jeu. Au dire des connaisseurs, il y avait en lui d'excellentes dispositions ; l'« estomac » présentait assez de fermeté. Il y avait cependant un défaut dans la cuirasse : l'expérience, — s'il faut en croire un professeur qui lui tint un jour ce langage :

— Monsieur, je m'y connais, il y a chez vous de l'« étoffe. » Vous êtes « taillé » pour la lutte. Toutefois, pour vaincre sûrement, il vous manque une ligne de conduite, un système.

J... devint attentif. L'autre continua :

— Ainsi, vous avez dû remarquer une chose : c'est que les coups de cinq sont moins fréquents que les coups de quatre; les coups de trois plus rares que les coups de deux et ces derniers plus rares que les coups de un.

J... réfléchit un instant, puis répliqua :

— Je ne dis pas, mais, dans votre nomenclature, vous avez oublié le coup de râteau.

∴

Après plusieurs années d'absence, X... reparut ces jours derniers à Monaco.

En le voyant arriver, Z... lui dit :

— Ah! je vous retrouve enfin. Vous venez, n'est-ce pas, donner à téter au caïman ?

Jolie définition des croupiers :

« Des naufragés devenus requins. »

.˙.

C'est particulièrement dans les cercles que s'exercent les escrocs de profession. Voici, malgré cela, deux anecdotes qui prouvent que les maisons de jeu ne sont pas toujours à l'abri des atteintes de ces audacieux industriels.

Nous intitulerons la première

LE COUP DE LA PIÈCE DE VINGT FRANCS

Deux compères s'étant mis d'accord pour extorquer à la banque, au beau milieu de la soirée, une assez jolie somme, leurs mesures furent, au préalable, admirablement prises et leurs rôles étudiés à fond. Confiants alors dans la réussite de leur tentative, voici comment ils opérèrent :

Mais donnons d'abord quelques détails indispensables sur la personne de nos héros.

L'un d'eux, le plus âgé, pouvait avoir quarante ou quarante-deux ans. Il était d'une taille élevée et porteur d'un paletot bordé de fourrures et sous lequel on voyait luire, dans son entrebâillement, une grosse chaîne de montre compliquée de breloques. Sa figure était ornée d'une barbe très-fournie et artistement disposée. Aux doigts, plusieurs bagues volumineuses. En un mot, tous les dehors d'un homme dans lequel on « doit avoir confiance. »

L'autre était de beaucoup plus jeune. Vingt-trois ou vingt-quatre ans. Peu ou point de barbe. Une mise propre, mais simple. Un air timide et emprunté. Le petit jeune homme enfin dont on dit : « C'est un naïf. »

Sur ce, attention, et chacun à son poste de combat !

L'homme à la fourrure, lui, alla se placer, debout, à l'extrémité de la table, près du croupier.

Le « naïf » se tint debout également, au milieu de la table et le plus près possible du cylindre. Ces dispositions prises, ils procédèrent de cette façon :

Le joueur aux breloques eut pour ligne de conduite de risquer de temps à autre quelques pièces de cent sous. Qu'il gagnât ou qu'il perdît, cela lui importait peu. Son bénéfice devait venir d'un autre côté. Le point important, c'était qu'on le vit jouer.

Pendant ce temps, le jeune compère

était toujours là, tenant négligemment, entre le pouce et l'index, une pièce de cinq francs en argent sous laquelle il dissimulait soigneusement un louis. Dans cette attitude, il « guignait » le moment « favorable, » c'est-à-dire celui où les numéros du tapis sont presque tous couverts. Et alors, fixant avec une grande attention les cases du cylindre, il fit en sorte de lire le numéro sorti avant le croupier, et lorsque ce numéro fut à sa portée, il le couvrit précipitamment de sa pièce de cent sous avant que l'employé de la banque ait eu le temps de l'annoncer.

Bien entendu, le coup ne valait rien et il le savait.

De son côté, le croupier, qui avait vu la chose, lui cria aussitôt :

— Monsieur, retirez votre pièce, il est trop tard.

— Ah ! pardon, monsieur, répondit timidement l'astucieux ponteur, qui n'attendait que cette invitation pour allonger le bras à nouveau et ramener sa pièce qui alors laissa à découvert le double Frédéric. Cela fait, l'autre individu s'écria d'une voix de stentor :

— Ah ! ah ! j'ai un louis en plein.

Il n'y avait pas à le nier. Un louis était sur le numéro sorti. A quel moment avait-il été placé? La banque l'ignorait. Dans tous les cas, il ne lui restait plus qu'à payer trente-cinq fois la mise, et c'est ce qu'elle fit.

Le tour était joué.

*
* *

Voici maintenant

LE COUP DE LA PRISE DE TABAC.

Un individu, s'intitulant pompeusement « Professeur de Jeu », avait remarqué au Trente-et-Quarante la présence d'un gentilhomme qui, depuis plusieurs jours, perdait d'assez grosses sommes avec une déveine peu commune.

Un soir que celui-ci, selon sa coutume, venait de laisser sur le tapis plusieurs billets de mille, notre homme l'aborda au moment où il allait sortir du Casino.

— Monsieur, lui dit-il avec un aplomb imperturbable, depuis près d'une semaine j'ai pu constater les pertes sérieuses que vous avez subies au Trente-et-Quarante. La fatalité paraît prendre un certain plaisir à vous faire perdre. Eh bien ! moi, monsieur, j'ai un système infaillible. Si vous le voulez, je puis, dans une seule séance, vous faire non seulement rattraper tout ce que vous avez perdu, mais encore vous permettre de réaliser un joli bénéfice.

— Laissez-moi tranquille, répondit le joueur-gentilhomme. Je n'ai pas le temps de vous écouter.

— J'en suis fâché pour vous, répliqua le professeur. Dans tous les cas, laissez-moi vous dire que je ne suis point le premier venu. Je n'en veux pour preuve que ma manière de procéder, attendu que, si vous accédiez à ma demande, ce n'est pas moi qui jouerais votre argent, mais bien vous, sur mes indications.

Cette pointe, adroitement lancée, fit machinalement réfléchir M. X...

— Et quel est votre système ? fit-il après un moment de silence.

Son interlocuteur l'attendait là. Il lui répondit avec un air de parfaite indifférence :

— Ceci est mon secret. Je ne puis vous le dire.

— Alors, n'en parlons plus.

— Au contraire, parlons-en. D'ailleurs, je vous le répète, qu'avez-vous à craindre, puisque je ne touche pas à votre argent ?

Cette nouvelle insinuation produisit sur M. X.... l'effet qu'il en attendait.

— Mais encore, donnez-moi quelques explications.

— Soit ! Mais quand nous serons au jeu. Je vous l'ai déjà dit : c'est mon secret. Mais je vous tiens pour un honnête homme et j'ai foi en votre discrétion.

M. X... et le professeur prirent rendez-vous pour le soir même autour de la table du Trente-et-Quarante. Ils furent exacts tous les deux.

Le professeur s'approcha alors du gentilhomme.

— Y êtes-vous ? lui demanda-t-il à l'oreille.

— Oui.

— Eh bien, voici ce qu'il s'agit de faire. Vous voyez, en face, ce croupier qui tient un râteau à la main. C'est mon oncle. Il sait toujours à l'avance si c'est rouge ou noire qui doit gagner. A sa gauche, il a une tabatière. Or, voilà ce dont nous sommes convenus. Chaque fois qu'il prendra une prise, vous ponterez le maximum sur *noire*.

— Et c'est tout ?

— C'est tout. Seulement, je demande la moitié des bénéfices. Est-ce entendu ?

— Parfaitement.

Cinq minutes s'écoulèrent, pendant lesquelles M. X. resta simple spectateur. Enfin, au moment où le « tailleur » allait abattre les cartes, l'« oncle » renifla une prise.

— Douze mille francs, fit le professeur.

M. X... mit douze mille francs. Noire gagna.

Le professeur tendit sa main, dans laquelle tombèrent six billets de mille francs.

Il se passa un intervalle de dix minutes après lequel l'oncle-croupier absorba une nouvelle prise de tabac.

— Vite, douze mille francs, dit encore le professeur à M. X... en lui poussant le coude.

Ces douze billets furent aussitôt jetés sur la noire. Encore une fois, noire gagna.

Et six mille autres francs passèrent des mains du gentilhomme dans celles de son conseiller.

Au bout de quelques nouvelles minutes, l'oncle, qui avait décidément pour le tabac une passion féroce, introduisit dans son nez écarquillé une énorme prise qui fit grand bruit en entrant.

Sans attendre le mot d'ordre, M. X..., électrisé sans doute par la réussite des coups précédents, jeta six cents louis à noire et laissa venir.

Le croupier compta :

« *Trente-sept!... Trente-six!... Rouge gagne et la couleur perd.* »

Et les douze mille francs furent attirés par un râteau exercé et placés, en nombreuse compagnie, dans un compartiment réservé.

Cette manœuvre déconcerta M. X..., qui n'en pouvait croire ses yeux, tellement son assurance de gagner était sincère. C'est alors qu'il détourna la tête pour chercher son professeur. Mais déjà celui-ci était parti, emportant douze bons billets de mille francs que lui avait fournis la coupable naïveté d'un joueur malheureux et que le hasard avait servie à souhait.

Quant au « prétendu oncle, » s'il aimait passionnément le tabac, en revanche, il n'avait jamais compté de neveu dans sa famille.

∴

Les deux « trucs » que nous venons de dévoiler sont aujourd'hui très-connus des croupiers.

On aurait, par conséquent, mauvaise grâce à songer seulement à les mettre en pratique. Quant à ceux qui, malgré ce bon conseil, oseraient en tenter l'essai, il n'est pas douteux qu'on s'empresserait de les solder. Reste à savoir de quel genre serait la monnaie.

LES COURSES

Les courses ont ceci de particulier, qu'elles offrent sans cesse le spectacle de culbutes dans lesquelles les jockeys se brisent reins et les chevaux se cassent les pattes. Lorsque, par hasard, dans un steeple-chase, personne ne mord la poussière, ni hommes, ni bêtes, le public ne manque pas de se dire :

— Comment ! pas le moindre accident. En vérité, ça manque d'intérêt.

Et voilà ce que dans nos familles on appelle le cri du cœur. C'est à se demander ce que peut bien être le cri de la rate.

Quant aux parieurs, nous savons à

quels sauts de carpe se livrent leur porte-monnaie. Selon des pronostics infaillibles (naturellement !) *Brise-du-soir* ne peut manquer d'arriver première, battant ses camarades d'une foule de longueurs de tête et même de queue. Et alors tout le monde de se jeter sur *Brise-du-soir*, inconnue la veille et qu'on ne donne plus qu'à 1 1/2 contre un.

Les chevaux partent. On les suit des yeux... et de la bourse. Ils se distancent, ils se rattrapent, puis ils se *re*distancent, puis ils se *re*rattrapent. Enfin ils arrivent. L'émotion est à son comble. Ce ne sont que cris et encouragements : c'est *Cotillon* qui gagne. Non, c'est *Pincette*. Bravo *Chacal*. Très-bien *Troubadour*.

Et c'est *Vent-du-matin* qui gagne, remportant sur la fameuse *Brise-du-soir* une de ces victoires qui font époque dans la vie d'un peuple... de jugements.

Telles sont les courses.

*
* *

PREMIÈRE JOURNÉE

Elle se présente mal. Le soleil qui, jusqu'à ce jour, s'est montré fidèle compagnon, a des velléités de désertion. Il paraît un peu, puis il disparaît complètement. Il joue à cache-cache derrière de gros nuages noirs qui tranchent sur le fond du ciel comme une tache d'encre sur une feuille de papier.

— Le temps restera-t-il couvert ?

— Oh ! il ne sera pas impoli à ce point-là.

Il est certain qu'en présence de l'élégante société qui fréquente les courses de Nice, le temps aurait pu et aurait dû se montrer plus convenable, ce qui n'eût pas fait dire à une charmante enfant :

— Ah ! maman, regarde donc le ciel qui pleure !

Il n'importe. On part tout de même et on arrive juste pour voir courir le *prix des Haras*.

∴

Sur le turf, beaucoup de figures nouvelles : MM. de Gontaut ; le baron Finot; le duc de Montrose ; le prince d'Orange ; Arthur de Vogué ; André, le propriétaire d'*Harmony* ; Weil ; Richard Hennessy ; Abeille ; de Lambertie ; Pernetti ; de Cartier ; de Nicolay, etc.

∴

Le *Grand military international* piquait d'autant plus la curiosité que bon nombre de personnes s'attendaient à voir les officiers courir en tenue. Ces messieurs s'étant montrés en simples jockeys, les jolies femmes surtout se montrent quelque peu désappointées.

— Il m'eût été si agréable, dit une charmante blonde, de suivre au bout de ma lorgnette ces jolis uniformes des officiers de hussards, de chasseurs, de dragons, de lanciers et de cuirassiers.

Saint-Albin, qui l'a entendue, murmure en passant :

— Cette femme doit être une grande duchesse, elle aime trop les militaires.

* *

Dans le *Grand Military*, *Marche-Mal* ayant culbuté au saut de la rivière, son cavalier, M. le baron de Pierre, est resté étendu sur la piste, avec une blessure au front.

Relevé aussitôt, il fut transporté au pesage où il reçut les soins des docteurs

Bourdon et Fighiera. Une heure après, il était sur pied.

Harmony gagne, montée par Sir Lister Kaye, officier de horse-guards. Par contre, Jules Prével perd en s'écriant :

— Les Anglais ne diront toujours pas que cette course manque d'*harmonie*.

.˙.

Le *Grand Prix de Monaco* a été disputé par dix chevaux. De longtemps, on n'avait assisté à d'aussi belles courses. Un cheval se donne à 15 contre 1. C'est *Fagotin*. Personne ne le connaît. D'où vient-il ? On l'ignore. Aussi personne ne le prend, à l'exception de quelques-uns de ces joueurs dont voici le raisonnement :

— Pour que mon cheval gagne, il faut que tous les autres fassent la culbute ou tout au moins se dérobent. Je n'ai de chances qu'à cette condition-là. Mais le hasard est si grand.

Il faut croire qu'un pareil raisonnement a quelquefois du bon, puisque, contre toute prévision, *Fagotin* est arrivé premier battant *Marmotte* seconde, *Altorf* troisième et *Jacinthe* quatrième.

Montant du prix : 1er 12,200 fr.; 2me 1,500 fr.; 3me 1,000 fr.; 4me 500 fr.

Entre deux courses, on demande Alfred Asseline, de l'*Indépendance Belge*. Robert de Lizy du *Derby* et du *Gaulois* répond :

— Mais je viens de le voir, il est sur la piste...

— Ah ! oui, reprend Nicolle, l'aimable propriétaire-directeur du *Jockey*, sur la piste... d'une jolie femme.

∴

Le *Prix du Conseil Général* a donné lieu à un match entre *Triboulet* monté par Page et *Arlésienne* montée par Atkinson. Gagnant: *Triboulet* au baron Finot recevant 2,700 fr. et *Arlésienne*, 500 fr.

..

Entre autres singularités, les habitués des courses offrent celle de parler un jargon incompréhensible pour beaucoup de gens. Le plus amusant, c'est qu'une foule de personnes, sous le prétexte de faire du *chic*, se servent absolument des mêmes expressions dont elles ne connaissent le plus souvent ni la signification ni l'orthographe.

Le moment ne saurait donc être mieux choisi pour initier le lecteur au langage du turf, lequel est exclusivement panaché de mots anglais et de mots français.

Procédons par ordre alphabétique.

Betting veut dire pari.

Book-maker est le nom donné aux propriétaires d'agences de poules.

Dead-heat signifie tête-à-tête, égaux. Deux chevaux arrivés *dead-heat* au poteau sont deux chevaux arrivés en même temps.

Disqualified. — Disqualifié. Condamné à ne plus courir.

Forfait veut dire amende, délit.

Gentleman rider. — Gentilhomme qui monte en courses.

Handicap. — Course dans laquelle partent des chevaux de force et de mérite différents. On rétablit les chances en surchargeant ceux qui sont le mieux cotés.

Haras. — Endroit où se propagent et s'améliorent les races de chevaux.

Match. — Concours.

Pesage. — Enceinte dans laquelle, comme l'indique le mot, les jockeys sont pesés avant de monter.

Piste. — Terrain sur lequel courent les chevaux.

Ring. — Centre de réunion des *bookmaker* et des parieurs.

Le *Stand* n'est autre chose que la tribune.

Starter. — Qui juge l'arrivée.

Starting. — Départ.

Steeple-chase. — Course à obstacles.

Stud. — Haras. (Voir plus haut.)

Stud-Book. — Livre de courses.

.•.

DEUXIÈME JOUR

Le soleil a reparu armé de ses rayons des jours de fête. La promenade des Anglais'est sillonnée par une quantité de brillants équipages aux chevaux dont la tête est ornée de plumes de faisan, de rubans et de cocardes multicolores. Sur l'hyppodrome du Var, une foule énorme, bariolée, curieuse.

En voiture, sont deux actrices parisiennes : Mlle Priola et Mlle Aimée qui, durant un mois, a fait les délices du théâtre de M. Avette.

Quelques élégantes : Gioja ; Mary Gray sa cousine ; Fanchette ; Lucile Mangin.

— La fille du marchand de crayons, demande le général Boniface du *Constitutionnel ?*

Allons, général, pas de mauvaises plaisanteries.

.˙.

Dans le *Prix du Chemin de Fer*, Pigeon s'est cassé la jambe. On a dû l'abattre séance tenante. En apprenant l'accident, Fervacques du *Paris-Journal* murmure à l'oreille de sa compagne :

— Voilà un pigeon dont je ne voudrais pas, y eût-il des petits pois autour.

Aurélien Scholl, de l'*Evénement*, qui a entendu, réplique aussitôt :

— Le malheureux, pourquoi lui en mettre encore autour, il en avait bien assez dessus, des poids.

∴

Avant la course du *Handicap de Monte-Carlo*, *Marmotte*, favorite à 2, est achetée 14,000 fr. par M. André, plus la moitié du prix, au cas où elle gagnerait. Mais elle arrive seulement quatrième, ce qui fait dire à Emile Villemot de l'*Opinion* :

— Cette *Marmotte*, elle se sera endormie en chemin.

∴

Au buffet, tenu par M. Cogery de London-House, je rencontre Arnold Mortier.

— Voilà le *Prix du Casino*, lui dis-je, sur quel cheval avez-vous mis ?

— Sur le cheval 32-35, me répond Mortier qui, au mot casino, se croit transporté autour du tapis vert.

La quatrième course (*prix du cercle Masséna*) a été signalée par une petite tricherie dont on a heureusement fait bonne justice. Quatre chevaux étaient engagés : *Niche, Enfant-de-Troupe, Feeling* et *Blaviette*.

Placée comme elle l'était à l'arrivée, incontestablement *Niche* devait gagner. Au contraire, elle perdit, laissant *Enfant-de-Troupe* remporter une victoire calculée et préméditée.

Mais la manœuvre déloyale du jockey Mitchell n'ayant point échappé aux commissaires des courses, ceux-ci ouvrirent une enquête qui vint encore ajouter de nouvelles preuves à leur certitude.

En effet, Mitchell interrogé, répondit :

— C'est vrai, je ne le nie pas. J'avais reçu l'ordre de M. Bocquet (le propriétaire de *Niche*) de ne gagner qu'au cas où *Enfant-de-Troupe* ne pourrait arriver premier.

L'aveu était concluant. Et comme alors aucun doute n'était plus permis, MM. Frédéric Johnston, d'Etreillis et Brinquand, commissaires des courses, prirent la décision suivante :

« Attendu que la jument *Niche* a été montée dans le prix Masséna sans l'intention de gagner et a été ostensiblement arrêtée par l'ordre de son propriétaire, les commissaires, faisant application des articles 38 et 42 de la société des steeple-chases de France, déclarent M. Bocquet incapable d'engager ou de faire courir un cheval sur l'hippodromme de Nice ; condamnent le jockey Mitchell à 500 fr. d'amende et lui interdisent de monter à Nice en 1876. »

De son côté, le Comité de la société des Steeple-Chases s'empressa de confirmer ce jugement. Il aurait pu disqualifier *Niche*, c'est-à-dire lui interdire de figurer dorénavant dans aucune course. En ne le faisant pas, il y a mis une extrême complaisance puisque *Niche* peut toujours trouver acquéreur pour 12 ou 15,000 fr.

Après ce qui s'est passé, bien des gens vont se demander quel intérêt pouvait avoir le sieur Bocquet à empêcher que sa jument gagnât. Tout d'abord, en effet, une pareille conduite semble tenir du dernier ridicule. Vous vous dites ceci : C'est absolument comme si un joueur, après avoir mis sur le 36 à la roulette, désirait voir sortir le 17.

Au premier moment, rien ne paraît plus logique. Mais, d'autre part, voici ce qui peut arriver. Tous les chevaux d'une course étant connus, *Niche,* aux yeux de tout le monde, doit fatalement battre ses adversaires, à moins qu'il ne survienne un accident impossible à prévoir. Naturellement, *Niche,* qui est à égalité, est prise avec un ensemble qui fait que les book-makers n'ont plus d'espoir que dans l'imprévu, un gêneur avec lequel, dans la vie, on n'a pas l'habitude de compter assez. Après *Niche,* vient *Enfant-de-Troupe.* Il est, par exemple, à cinq contre un. Survient alors un Bocquet quelconque qui met 2,000 francs dessus, après avoir préalablement fait la leçon à son jockey. *Enfant-de-Troupe* gagne et Bocquet touche dix mille francs.

Vous le voyez, rien n'est plus simple, à moins que les commissaires s'en mêlent, auquel cas rien n'est au contraire plus compliqué, comme dans l'affaire Bocquet.

**

La

TROISIÈME JOURNÉE

a été favorable à *Bonita* dans la *course de haies*, à *Aladin* dans le *prix du Var* et à *Jacinthe* dans le *grand prix de Nice*.

A sa rentrée au pesage, *Enfant de Troupe*, pris d'un accès d'insubordination envers un supérieur, a violemment mordu dans le dos un capitaine du 111me de ligne. Cet officier a eu sa tunique déchirée, son ceinturon coupé et ses reins labourés par les dents de ce terrible Enfant de troupe qui aurait bien mérité, pour ce fait, au moins huit jours de salle de police.

⁂

Le soir, à London-House, les représentants de la presse parisienne se réunissaient dans un joyeux banquet auquel avaient été invitées une dizaine de nos élégantes.

Au dessert, Adolphe Dennetier a salué par ces paroles ses compagnons de gaieté :

« J'attache un certain *prix* à ce qu'aucun *obstacle* vienne nous empêcher de nous réunir ainsi tous les ans, sur ce même *terrain*. Toujours le dernier à donner le signal du *départ*, je serai, en revanche, sans cesse le premier à donner le signal de *l'arrivée*, dussé-je me rendre au pas de *course*. Nous sommes tous ici à *égalité* et puissions-nous tous également être les *favoris* de ces dames. »

Bien dit et bravo Dennetier.

UN BAL MASQUÉ CHEZ Mme SABATIER

Les chroniqueurs mondains, qui sont fortement dosés d'enthousiasme, disent volontiers, quand ils ont à rendre compte du premier bal venu : « Le bal que Mme X. a donné, jeudi dernier, dans sa magnifique villa de Carabacel, a été, sans contredit, *l'événement de la saison....* etc., etc., » ce qui les expose, à la fin de la saison, à constater qu'ils ont signalé une centaine de fêtes comme ayant été *l'événement de la saison*, constatation souvent désagréable, si peu qu'on ait d'amour-propre.

Cette année, comme les précédentes, ils se sont bien gardés de manquer à cette douce habitude, en sorte que nous avons vu successivement défiler comme *l'événement de la saison* :

1° Les représentations de Mlle Aimée,

2° Les bals du Cercle Masséna,

3° Le concert de Mlle Théo au Casino de Monte-Carlo,

4° Le bal masqué de Mme Sabatier,

5° Les bals du Cercle de la Méditerranée,

6° La représentation de Mme la vicomtesse Vigier au bénéfice des pauvres.... etc., etc.

Nous en passons... et des meilleurs.

Devant ce déluge d'*événements*, il importe de préciser lequel a véritablement mérité cette qualification significative.

En ce qui nous concerne, nous n'éprouvons pas la moindre hésitation à déclarer qu'à notre avis, le vrai, le seul, l'inattaquable *événement de la saison* a été le bal masqué de Mme Sabatier, donné le vendredi 11 février 1876 — jour de la Saint-Benoît — dans les salons de la villa Émilie.

Ce bal a eu l'inappréciable avantage de jouir d'un retentissement universel, tant à cause de la somptuosité princière qui a présidé à son organisation, que parce que toutes les nations du globe y ont été superbement représentées. Tous les empires ont tenu à y figurer — depuis celui de la Russie jusqu'à celui... de la Folie.

Il appartenait à la famille Sabatier, riche et estimée entre toutes, de grouper sous son pavillon hospitalier les représentants de tous les peuples de la terre et de les convier à fraterniser ensemble au nom de la gaieté et de l'esprit français.

Ce programme a été fidèlement exécuté, et la famille Sabatier, qui représentait si dignement la France dans cette fête grandiose, offerte au monde entier, a prouvé, une fois de plus, qu'elle possédait le rare talent de joindre à la grâce dans l'accueil la cordialité dans la réception.

.˙.

Nous n'avons pas la prétention de citer les noms et qualités de toutes les personnes qui ont assisté à ce bal magnifique, nous nous bornerons à donner à nos lecteurs une idée — la plus exacte possible — de ce qu'il a été, et d'indiquer les costumes qui ont le plus fait sensation.

.˙.

Dès onze heures, une grande animation régnait dans les salons du rez-de-chaussée et dans la splendide galerie de la villa Emilie.

Le maître de céans, en manteau vénitien, avait l'avantage de voir se découvrir devant lui les masques et dominos, qui n'étaient admis qu'après cette petite formalité. A l'entrée de la galerie se tenaient la maîtresse de la maison et Mlles Sabatier, recevant les invités avec une grâce parfaite.

Nous avons hâte d'énumérer les plus jolis costumes. Dieu sait si nous sommes près d'avoir fini !

.*.

A tout seigneur, tout honneur.

Commençons par les hôtes, pour finir par les invités.

Mme Sabatier, la reine de la fête, est en

Marie-Antoinette : velours grenat à parements en taffetas maïs; tablier en point d'Alençon, collerette de même, à vaisseau, tous les deux garnis de satin noir, surmontés d'une aigrette. Pluie de diamants.

⁎⁎

A ce propos, sait-on que Mme Sabatier, à l'instar du Cardinal Antonelli, de lord Dudley, du prince Estherazy et du comte Xavier, possède une des plus belles collections de bijoux qui soient au monde? Il ne faut pas moins d'une chambre entière pour les contenir tous. Ils sont rangés avec un art exquis et fréquemment renouvelés. C'est la femme de chambre qui hérite de ceux qui ont cessé de plaire. Vous comprenez si elle tient à sa place!

Mais nous n'en finirions pas si nous voulions citer tous les traits de générosité de Mme Sabatier.

⁎⁎

Nous continuons notre énumération.

Les deux filles de Mme Sabatier, Mme la vicomtesse de Bernis et Mme de Lagarde, sont en *Juives d'Alger*, costumes irréprochables au double point de vue de la richesse et de l'exactitude.

L'élégante Mme d'Auzac est en *Ophélie*, robe blanche émaillée de fleurs des champs. *Hamlet*, lui aussi, est présent au bal, sous les traits de M. Emile d'Audiffret.

Christophe Colomb offre le bras à *l'Amérique*, couple charmant qu'on reconnaît pour être M. et Mme Willis.

Mlle Blanche Willis est en *Aube*, et sa sœur, Mlle Anna, représente *la Musique*. L'une est assez belle pour chanter les grâces de l'autre.

M. May est en *Caïd*. Un domino blanc, qui l'intrigue, ne l'appelle que Haydée, — dame... C. A. I. D.

Miss Robinson est en *Merveilleuse*, satin

crème, brodé de couleurs, écharpe verte et merveilleuse......ment jolie.

Un *pierrot galant*, qui n'est autre que M. Maurice Gros, valse avec une ravissante *Colombine* — naturellement — Mlle Pollonais.

Miss Mac-Cann est en *Chocolatière de Genève*.

.˙.

Un *domino bleu*, armé d'un loup, vient intriguer les danseurs, se faufile dans les groupes, sème la perturbation, trouble les cœurs, et s'éclipse persuadé qu'il n'a pas été reconnu. Erreur. Mme de Pletscheieff reparaît en marquise *Pompadour*. Elle et le domino bleu ne faisaient qu'un.

.˙.

Mme Bronson est en *Pensée*, robe jaune garnie de velours et de satin pensée et or. L'une de ses filles, Mlle Anna Bronson, porte gracieusement le costume du *Postillon de l'Amour*; sa sœur est en *Fileuse de Belgique*, jupe faille blanche rayée de velours noir, tablier en valenciennes garni de fleurs de toutes les couleurs et bretelles rouges.

La toute gracieuse Mme Mac-Carthy O'Leary est en *Gardeuse de dindons*. Tout est permis aux jolies femmes.

M. Gallula Delchiar est en *Berger d'Arcadie*. M. Mayer, en *Berger de la Briga*.

Trois *Marguerite*, toutes plus charmantes les unes que les autres : Mmes Hyginius Tiranty, Alfred Florès et Mlle Gignoux. Et pas un *Faust* ni le moindre *Méphistophélès* !

L'emploi de ce dernier est tenu par un espiègle *Diablotin*, Miss Spang, qui distribue à d'heureux privilégiés des rendez-vous pour l'Enfer. Espérons qu'il s'écoulera de longs jours encore avant qu'ils ne s'y rendent.

Mlle Mathilde de Cessole est en *Belle au bois dormant*, et justifie, plus que jamais, sa réputation de grâce et de beauté.

Mme de Skariatine est en *Finlandaise*; Mlles de Skariatine, ses filles, sont en *Paysannes russes.*

La déesse Opérette est représentée par Mlle Winslow en *Jolie parfumeuse*, et par M. Godard-Decrais en *Pomponnet*. Offenbach et Lecoq seront également satisfaits.

.˙.

A une heure du matin, deux couples font leur entrée dans les salons en chantant la *Monferina* et forment un quadrille entraînant, représentant avec esprit : *Le nozze di Gianduja*. Ce sont Mmes la comtesse Solaro del Borgo et la marquise de Cortanze en *Paysannes piémontaises*, et MM. le comte Caravadossi d'Aspremont et le marquis de Cortanze, revêtus du joli costume de *Gianduja*.

.˙.

Mme Seignette est en *Châtelaine moyen-âge* — la grâce unie à la distinction.

Mme How est en *Rossignol* — le roi des oiseaux changé en femme. Allez donc nier la métempsycose !

Ne passons pas la *Nuit blanche*, magnifiquement représentée par Mme Prodgers — robe noire piquée d'étoiles d'or.

Parmi les costumes historiques, nous citerons : Mme Keyes en *Anne d'Autriche*, Mme la comtesse Robiglio en *Marie Stuart*, M. Barnola en *Ligueur*, S. E. le prince d'Altomonte en *Henri IV* et M. Charvet en *Henri III*.

Parmi les costumes de genre, on remarquait : Miss Leach en *Incroyable*, Mlle Courson de la Villeneuve en *Garde française*, Mme Hutchins en *Hiver*, Mme de Starzinska en *Neige*, Mlle Conneau en *Paysanne romaine*, Mlle Howard aînée en *Odalisque*, Mlle Howard cadette en *Bergère Watteau*,

Mlle Bueno en *Andalouse*, Mlle de Kreitz en *Orientale*, Mme Hertz en *Egyptienne*, Mlle Griazeff en *Feu*, Mlle Boutowsky aînée en *Tric-trac*, Mlle Boutowsky cadette en *Chatte blanche*; MM. le duc de la Conquista en *Torréador*, d'Auzac en *Aramis*, baron de Bussières en *Marquis Régence*, Lucarini en *Masaniello*, Pollonais en *Ecossais*, Stochwell en *Uniforme anglais*, Gambard en *Jean de Leyde*, Thompson en *Garde française*, de Czernowitz en *Grec*, etc., etc.

.·.

M. de Fontanes, costumé en *Pêcheur napolitain*, portait sur lui une quantité de *vers* — cela se conçoit. Ajoutons qu'ils étaient fort galamment troussés, ce qui a fait passer sur leur incorrection, très-certainement due au feu de l'improvisation. Ces vers étaient écrits sur un papier de luxe où on lisait : *Villa Emilie*. Les lettres représentaient toute la gent aquatique. M. de Fontanes a obtenu un grand succès ; beaucoup de dames, nous a-t-on assuré, ont été enchantées du produit de *sa pêche.*

.*.

Mlle de Villanow est en *Méditerranée*: robe bleue recouverte d'un filet d'argent sous les mailles duquel s'ébat toute la gent aquatique — costume riche entre tous.

Mme Boulant est en *Crème fouettée*; Mme Pollonnais en *Napolitaine*: jupe bleue, tablier brodé retroussé sur un corsage rouge, coiffure splendide; Mme Conneau en *Dame espagnole*; Mme de Herzeele en *Pierrette*, satin blanc et bleu, corsage en satin avec trois rangées de gros boutons bleus; sous la jupe, un fouillis de dentelles ; Mme la comtesse Potowska en *Cosaque* ; Mme de May en *Circassienne* ; Mme de Herzen en *Neige* ; Mlle Marie Lacroix en *Bouquetière Louis XV.*

M. Brooke est en *Fou de Cour* ; M. Bergerault en *Mousquetaire Louis XIII* ; le docteur Giraud en *Solitaire* ; le docteur Niepce en *Marquis Louis XV.*

Mme la comtesse Roguet porte avec grâce et distinction un fort joli costume : *Une dame de Venise au* xvi*e siècle.* Sa coiffure est ravissante et toute ruisselante de diamants.

.˙.

A deux heures et demie du matin, un souper royal a été offert aux invités. Comme il était impossible de servir quatre cents personnes à la fois, les soupeurs ont été divisés en séries de quarante. On leur a délivré des numéros ou plutôt des lettres, absolûment comme aux Italiens, la lettre A en tête.

Vingt valets en grande livrée ont servi avec habileté et promptitude jusqu'à huit séries de soupers.

Pour donner une idée du luxe qui était déployé à ces festins princiers, nous nous bornerons à dire qu'à chaque plat on faisait passer aux convives des truffes de Barbézieux au Champagne. *Ab uno disce omnes*.

Le grand ordonnateur de cette fête de Sardanapale mérite de passer à la postérité; M. Paul Deshayes, maître d'hôtel, intendant de la famille Sabatier, s'est acquitté de ses délicates fonctions à la satisfaction générale.

Hurrah donc pour M. Paul Deshayes !

.˙.

Le gai royaume de la *Folie* est luxueusement représenté par Mmes d'Auvergne et Brooks et Mlles Dundas, l'une en bleu, l'autre en rose.

Mme la comtesse d'Aguado est en *Marquise*; Mlle Macario en *Paysanne russe*;

Mme Nicot en *Sapho*; Mme de Pierrelaye en *Tréportaise*; Mlles Keyes sont : l'une en *Hongroise*, l'autre en *Flore*; Mlle de Pau porte avec grâce le joli costume de *Cauchoise*; Mlle Czernowitz est en *Grecque*.

Sont en *toilettes poudrées* : Mmes Spang, éblouissante de diamants, comtesse Malausséna, princesse Dolgorouki et comtesse Calabrini.

Terminons par la tribu des *Vénitiens*, qui se compose de MM. de Lagarde, vicomte de Bernis, comte de Tournon, Edgard Rodrigues, Andriot Saötone, d'Auvergne, major Bravourt, Zaraczewski et Paul Leroux.

.˙.

Un incident qui servira de mot de la fin.

Un domino blanc s'approche d'un domino bleu.

Le domino blanc. — Prends garde,

ami domino, la comtesse X..., la bonté même, puisqu'elle n'a rien à elle, pas même les dents qu'elle porte, est ici.

Le domino bleu : — Que veux-tu que cela me fasse ?

Le domino blanc : — En serais-tu à ignorer qu'elle a une forte dent contre toi ?

Le domino bleu : — Et que m'importe ! La comtesse X..., n'est pas femme à tenir rancune à qui que ce soit.

Le domino blanc : — Pourquoi donc ?

Le domino bleu : Dame, quand elle a une dent contre quelqu'un, avec son râtelier, comment veux-tu qu'elle tienne ?

Nos lecteurs ont déjà deviné le sexe auquel appartenaient ces deux *dominos*.

Oh ! les femmes !

On dansait encore à sept heures du matin. Le départ a eu lieu à huit heures et s'est effectué aux cris mille fois répétés de : *Vive Mme Sabatier !*

Quelques passants matinals ont cru à une manifestation politique — on était si près des élections !

∴

On aura peine à croire qu'une personne — qui n'a cependant pas assisté à ce bal splendide — se soit néanmoins encore plus divertie que celles qui ont eu l'inappréciable bonheur d'y prendre part. C'est pourtant vrai, car tel a été le cas de M. Decool, l'habile couturier de l'hôtel Chauvain. Ce qu'il s'est frotté les mains en additionnant sa recette, cela ne se soupçonne pas. On est surpris qu'il en ait encore. Heureux Decool !

PROFILS ET SILHOUETTES

LE MASQUE DE FER

Vit aussi retiré dans sa propriété princière, que s'il avait fait vœu de solitude. Millionnaire à la suprême puissance. Lance des invitations, mais ne daigne pas recevoir lui-même ses invités. C'est sa femme qui se charge de ce soin. Possède le premier orchestre du monde après celui du Conservatoire de Paris. Très-généreux, il a donné 60,000 fr. (un joli denier, n'est-ce pas?) à la Ville de Nice.

Ses nombreux domestiques portent, les jours de cérémonie, une livrée fort originale : bas de soie rose, culotte blanche, gilet rayé de différentes couleurs, habit gros bleu. Donnera certainement son nom à l'une des rues de Nice dans un avenir peu lointain.

LE VICOMTE

Plus royaliste que le *Roy*, il affecte les manières et le parler du Grand siècle. Un légitimiste ne peut pas mourir sans encourir une apologie du vicomte, publiée soit dans le *Figaro*, soit dans l'*Union du Midi*. Laid, petit et chétif, il est affligé, en outre, d'un rhume de cerveau de naissance, qui donne à sa conversation un ridicule achevé.

IL JETTATORE

Italien et comte — un vrai, par exemple. Les femmes prétendent qu'il a le mauvais œil et ne l'abordent qu'en levant deux doigts de la main — le signe conjurateur du *jettatore*.

Profil d'aigle. Tempérament maladif. Causeur charmant, esprit endiablé, verve originale. Très-recherché.

L'HOMME-MONOCLE

Ainsi nommé, parce qu'il a eu le malheur de naître avec un carreau dans l'œil, ce qui le fait prendre, de loin, pour une lanterne de cabriolet. Ses amis prétendent que c'est pour voir plus *clair*... (de notaire?) Teint chocolat accentué, *brun* comme un architecte. Aime beaucoup le monde. N'y va peut-être que pour l'*étude*. On est observateur ou on ne l'est pas.

MONSIEUR LE BARON

Personnage excessivement *nerveux*, qui s'imagine représenter à lui tout seul la haute société de Nice. Dépose de temps en temps des chroniques, qu'il croit mondaines, le long des colonnes du *Journal de Nice*. Est admis dans tous les salons qui aiment à faire parler d'eux. A mérité ainsi le surnom de *laid répandu*.

Signe particulier : — Prétend, malgré son grand âge, qu'il lui est impossible de se trouver en voiture, aux côtés d'une dame, sans éprouver des sensations intraductibles..... Quelle bonne charge ! M. le baron ressemble au coup de canon de M. le Maire les jours de pluie : — il prend encore, mais.... il ne part plus.

LE NOUGAT DE MONTÉLIMART

Arpente avec la régularité d'un compas les arcades Masséna où on ne le désigne que sous le sobriquet de « Monsieur Pacha. » A le goût des étoffes et des mises excentriques. Accusé à tort d'un double enlèvement, il a été pendant quelques jours le sujet de toutes les conversations. Les mères de famille le tiendront désormais en quarantaine, quoiqu'il soit aujourd'hui bien établi que ce loup ravisseur n'a absolument rien *ravi*... sinon les colporteurs de cancans.

LE PRÉSIDENT

Personnalité marquante de la colonie étrangère. Brave et loyal, il s'est distingué dans plusieurs duels au sabre, arme à laquelle il est de première force. Serviable et bon, il est aimé autant qu'estimé de tous ceux qui l'approchent. A pour l'Italie, sa patrie, un culte qui tient de l'idolâtrie.

LE TÉNÉBREUX

Lui, toujours lui. Seul, toujours seul. Chef d'un parti relativement considérable à Nice. Une tête de chanoine sur un corps de garçon boucher. Des allures de conspirateur. A prononcé, dit-on, cette phrase célèbre : — Je ne suis ni Français, ni Italien, ni Niçois, ni bonapartiste, je suis... *ténébreux...iste !*

Ses amis prétendent qu'il n'aurait pas fait *mal au Sénat.*

Nota-bene : — Jouit d'une fortune considérable... et d'une excellente santé.

M. CASSANT

Appartient à une des plus anciennes familles du pays. Arrogant en diable, il ne permet pas à ses amis les plus intimes de l'appeler par son nom tout court. Il lui faut son titre absolument. A été attaché à un ministère en Italie, à l'époque où il n'était pas millionnaire. L'est devenu en contractant un mariage avantageux.

LE TIR AUX PIGEONS DE MONTE-CARLO

Quand on arrive à Monte-Carlo par le chemin de fer, venant de Nice ou de Menton, on aperçoit au bord de la mer, presque en face de la station, plusieurs groupes de constructions élancées, légères, élégantes, bâties comme les chalets suisses, en bois découpé, en briques et en tuiles rouges.

Ces constructions à l'aspect original, gai, chatoyant, pittoresque, représentent l'ensemble du

TIR AUX PIGEONS

composé du terrain de tir ou *(Shooting Ground)*, du pavillon de tir et du pigeonnier. Le terrain de tir verdoyant, gazonné, est l'emplacement demi-circulaire compris entre le pavillon qui semble lui servir de diamètre et la mer. Cet espace, sorte de magnifique pelouse soigneusement entretenue, est celui dans lequel, pour être déclarés *bons*, doivent tomber les pigeons. La plate-forme est le plancher qui coupe en deux le *Shooting Ground* et a le pavillon pour point de départ. A l'extrémité de cette plate-forme, sur un deuxième plancher circulaire, s'alignent, en arc-en-ciel, cinq boîtes en fer destinées à recevoir les pigeons. A chaque boîte correspond un fil de fer invisible, lequel va rejoindre, en passant sous l'asphalte, un appareil placé à l'intérieur du pavillon. Sur cette asphalte, du côté droit, figurent des numéros indiquant les distances, variant de 20 à 28 mètres.

L'appareil est représenté par un cylindre dans lequel, au tour de chaque tireur, un employé laisse tomber une bille qui va se placer au hasard, dans l'une des cinq cases où viennent aboutir les cinq fils correspondant aux cinq boîtes. A ce moment, le tireur qui est en position de faire feu, prononce le traditionnel *Are you ready?* auquel le préposé au cylindre répond : Oui Monsieur. Après quoi, le tireur ajoute *Pull*, signal auquel, grâce à un mécanisme rapide, la boîte tombe en s'ouvrant avec fracas, de manière à effrayer le pigeon qui ne doit être tiré qu'après avoir pris son vol et qui est déclaré *mauvais* si, bien qu'ayant été atteint, il est allé s'abattre en dehors des limites du *Shooting Ground*. Chaque pigeon a droit à deux coups de fusil.

.•.

A l'intérieur du pavillon de tir, dans la partie réservée aux tireurs, contre le mur, est placé un grand tableau noir avec boutons mécaniques. Sur le côté gauche sont inscrits les noms des tireurs auxquels on donne autant de points rouges que de pigeons tués.

A droite du pavillon, en regardant la mer, un buffet est dressé les jours de concours. C'est à ce dernier que le capitaine Patton, deux fois vainqueur du grand prix, a offert, au mois de janvier dernier, du champagne à la presse.

Près du buffet, un espace laissé libre permet aux amateurs de ce genre de sport d'assister, assis, au massacre de ces innocents *blue-rooks*. Comme aux courses, on parie beaucoup, les uns pour les tireurs, les autres pour le pigeon. A ce petit jeu-là, les différences de 50 et même de 100 louis ne sont pas rares.

.·.

A cent mètres environ du tir, à droite et en se tournant toujours du côté de la mer est situé

LE PIGEONNIER

composé de trois corps de bâtiments se touchant et offrant ensemble une longueur de près de 50 mètres sur 7 ou 8 mètres de largeur.

Le pigeonnier compte cinq pièces numérotées qui sont :

1° La chambre du gardien chargé de nourrir et de surveiller les volatiles;

2° Une chambre contenant la nourriture de ces derniers;

3° et 4° Une pièce destinée à prendre les pigeons au moyen d'un filet retenu au plafond et qu'on laisse descendre sur les petits animaux;

5° La grande pièce des pigeonniers. Elle mesure intérieurement vingt mètres environ de longueur et six de large. Au milieu de cette pièce, sur la dalle, court un abreuvoir couvert en zinc. A chaque extrémité est placée une borne-fontaine servant à l'alimentatian de l'abreuvoir. Sur les deux côtés, retombant le long des grillages, existent des perchoirs pouvant porter cinq ou six mille pigeons.

La dernière et sixième pièce est en plus petit ce qu'est la précédente.

Un clocheton surmonte le pigeonnier en son milieu. Percé de plusieurs ouvertures, les pigeons peuvent, grâce à elles, rentrer dans leur demeure, mais ils n'en peuvent pas sortir. Ce système est aussi simple qu'ingénieux.

.˙.

Les garçons de tir sont tous en uniforme. Leur tenue se compose d'une vareuse bleue tenue par une large ceinture jaune et rentrée dans un pantalon gris avec liséré jaune sur la couture. Ils sont coiffés d'une casquette américaine sur le devant de laquelle on lit : *Tir aux Pigeons*. Le collet de la vareuse porte, brodé en laine blanche, un pigeon aux ailes déployées.

.˙.

Les membres du comité sont :

MM.
Le Comte Hallez-Claparède
Le Duc de Castries
Le Duc de Vallombrosa
A. du Bos
G. Brinquant
Robert Hennessy
Le Duc de Hamilton
Sir Frederick Johnstone
Sir Charles Legard
Sir William Call
Réginald Herbert
D. Treherne

C. Livingstone
J. G. Bennett
G. L. Lorillard
Le Prince L. Esterhazy
Le Prince G. Furstenberg
Le Prince A. de Chimay
Le Marquis Ph. de Croix
Le Comte de Galve
Le Baron M. Baracco
A. Varocque
G. Besana
Le Baron Podesta

.*.

Depuis 1872, époque de l'inauguration du tir aux pigeons, les *concours bi-hebdomadaires* et les *grands concours internationaux* ont pris une telle extension et jouissent d'une telle vogue que le tir de Monte-Carlo est aujourd'hui considéré comme le premier de tous les tirs aux pigeons.

Y ont pris part cet hiver :

MM. le comte d'Andrimont, le comte d'Aspremont, Ad. Abeille.

Barabino, G. Brinquant, Bedingfield, le

comte Bernard, le capitaine Briskoe, Camille Blanc, Edmond Blanc, G. Besana, A. Brizzi, le baron Bianchi, P. Bnudi, Bricœ.

Carpenetto, de Chadenet, sir William Call, Cortèze, marquis de Croix, Cunliffe, le baron de Cartier, Crivello, Covacewicht.

Le prince Demidoff de San Donato, Léon Damis, le comte Duchastel, de Dorlodot, David.

H. Elsen.

Le prince de Furstemberg, Paul Frémy, le capitaine Fane, le prince de Furstenberg fils, Ferber, Figoli, Fortou.

Le colonel Guérin, le baron de Grote, A. Grimble, Gnudi, Stephen Grant, capitaine Gréville.

A. Henry, Herr, Heyden, de Haussy.

B. Itschirsky.

Frédéric Johnstone, Hope Johnston.
Jouet, Johan, le comte Jaraczewski, Jourdier.

Kaye.

D. Lawlor, Lafond, comte de Lambertye, Lewin, Pierre Lagarde.

Le capitaine Malon, Félix Marty. L. Maskens, le duc de Montrose, le colonel Mackensie, le comte P. de Méens, le vicomte de Martel, Marckwald, Maxwell, de Montesquiou.

Le marquis de Nari, Naskens, le capitaine Neuville, le comte R. de Nicolay, Norris, Nugent, le comte de Nicolaï.

Le prince d'Orange, le colonel Orloff.

Le baron de Podesta, le capitaine R. Patton, Lucien Pitrat, le comte de Penalver, le marquis Pasca, Pennell.

Le duc de Rivoli, L. Radice, marquis Raggi, H. Roach, Rae, Reid, Roche,

R. Redingfeld, Risway, le prince Charles Radziwill.

Le capitaine Starkey, le baron Bower de St. Clair, Scagliarini, Stevenson, Sir John Sister, les comtes Spaletti, possesseurs en Italie de tirs aux pigeons merveilleusement organisés.

Tréherne, Tubino, le baron de St-Trivier, Thomassinelli, le baron Tschirsky.

Le comte de la Villestreux, Wagatha, Vandeleur, le comte Arthur de Vogué, E. Wauthers, Warocque.

Arundell Yeo.

Le vicomte de Quelen.

⁂

LE GRAND PRIX DU CASINO

a réuni par un temps très favorable, les 25 et 26 janvier, 74 shooters et un nombre considérable de spectateurs. Le premier jour, sept tireurs n'ont pas manqué un pigeon. Ce sont MM. Barabino, le capitaine Patton, L. Wauthers, le baron Tschirsky, A. Grimble Gnudy, le baron Bianchi et H. Johnstone.

Il est à remarquer que les meilleurs tireurs, anglais la plupart, se servent particulièrement des fusils de Stephen Grant, fournisseur du prince de Galles et du duc d'Edimbourg. Les fusils Grant ont obtenu 45 nominations en 1875 aux concours d'Hurlingham et de Gun's Club. Pourquoi les français n'en feraient-ils pas autant?

Le second jour, le nom du vainqueur est proclamé. C'est encore une fois le capitaine Patton, avec onze pigeons sur douze. M. Patton reçoit un objet d'art de la valeur de 3,000 francs, ajouté au prix se montant, avec les entrées, à 18,180 francs.

Le baron Tschirschky est arrivé second

avec seize pigeons sur dix-huit. A reçu 7,700 francs. Troisième, le marquis de Croix, ayant tué quinze pigeons sur dix-huit. Touche 5,700 francs. M. Lucien Pitrat est quatrième avec dix pigeons sur treize.

Ont tué neuf sur douze, MM. le baron Bianchi, le capitaine Nevile, Barabino, Rae, Reid, Frémy, David, Hope, Johnstone, le baron Podesta. Ont tué huit sur douze, MM. Wauters et Roche. Ont tué sept sur onze : MM. le marquis Pasqua, le capitaine Starkey, Grimble, Maskens. Ont tué six sur dix : MM. Georges Brinquant, Pierre Lagarde, Scaglianiri, le comte de Meens, Léon Damis. Ont tué cinq sur neuf : MM. le capitaine Malone, le baron de Saint-Trivier, Radice, le comte Jaraczewski, Gnudi, le colonel Orloff, Maxwell.

Viennent ensuite : MM. le baron de Saint-

Clair, Bedingfelld, le colonel Mackensie, Fraser, le comte d'Aspremont, Tréherne, le comte Carpenetto, le capitaine Greville, Nugent, le comte Duchastel, le capitaine Fane, M. Pennel, F. Marty, Wagatha, le comte de Lambertye, le duc de Rivoli, le comte de la Villestreux, le baron F. de Cartier, Ferber, le duc de Montrose, les comtes Bernard et Odon de Montesquiou, le chevalier Figoli.

***

Le capitaine Aubrey Patton, vainqueur du grand prix en 1875 et en 1876, est un jeune homme blond, pâle, froid. Trente ans environ. Taille moyenne. Porte de petites moustaches blondes.

Ajuste l'oiseau avec un calme parfait et l'abat généralement du premier coup.

C'est un tireur émérite.

***

Les noms des vainqueurs des grands prix sont gravés sur des larges plaques de marbre veiné rouge scellées dans le mur du *Stand*.

Ce sont :

1872. G. L. Lorillard, Amérique (U. S.)
1873. J. Jee. V. C. — C. B. Angleterre.
1874. Sir W. Call. Bart. Angleterre.
1875. Cap. Aubrey Patton. Angleterre.
1876. Cap. Aubray Patton. Angleterre.

.*.

Cette année, le champ était ainsi composé :

Anglais...................	23
Italiens...................	18
Français..................	15
Belges....................	9
Russes....................	3
Allemands.................	3
Américains................	2
Suédois...................	1
Total......	74

Mentionnons également un tir des plus divertissants, celui de la presse. Un objet d'art ajouté à 5 francs d'entrée.

Inscrits : MM. A. de Saint-Albin, Léon Bertrand, de Fourcy, Kirsh, Charles Limouzin, Robert de Lizy, Levilly, Jules Prével, Porte, Carles des Perrières, Charles Simon et Emile Villemot.

Ce tir a donné lieu à plusieurs incidents fort drôlatiques. Emile Villemot faillit perdre son gibus, de Fourcy et Charles Limouzin perdirent leurs lorgnons, Jules Prével et des Perrières se blessèrent légèrement à la main droite.

Quant à Robert de Lizy, il blessa... tous ses confrères dans leur amour-propre en gagnant le prix, avec quatre pigeons sur cinq.

Il est vrai qu'il racheta sa victoire en leur offrant le vermouth au café de Paris.

.

Le tir aux pigeons a été mis plusieurs fois à la disposition du prince Amédée, très-amateur de ces sortes de tournois.

En février, deux prix offerts par S. A. ont été gagnés par M. le comte Carpenetto, attaché à la maison du prince. M. le comte Dragonetti, aide-de-camp, était second et M. le baron de Grote, troisième.

Plusieurs officiers de la suite du prince Amédée ont pris part à ces tirs dont la fréquentation augmente, tous les hivers, dans des proportions inquiétantes...... pour les pigeons.

.

Pour la clôture des concours, fixée au mois d'avril, l'Administration offre un dernier *Grand Prix* ajouté à 5000 fr. d'argent.

Voilà ce qui s'appelle noblement et richement finir la saison.

INCIDENTS

OBSERVATIONS ET PROPOS DE TOUTES SORTES RACONTÉS AU HASARD DE LA PLUME

Il est une remarque à faire dans toutes les villes de saison, à Nice notamment, c'est que le crédit des gens augmente en raison même de l'importance des titres qu'ils possèdent réellement, ce qui est rare, ou de ceux qu'ils se donnent, ce qui est fréquent.

Ces titres, qui n'ont souvent rien de commun avec le porteur, s'ils ne font pas ouvrir toutes les portes, font, en revanche, ouvrir des crédits plus illimités que fonciers.

Les fournisseurs, nés jocrisses, se laissent généralement prendre à toutes les exhibitions de ces blasons d'aventure dont les aventuriers blasés ornent les panneaux de leurs voitures, appelées calèches ou victorias, en attendant qu'elles deviennent cellulaires. Pour eux, un individu qui porte *d'argent, maçonné de deux dames de cœur sur fond de sable* a droit à toutes les considérations, absolument comme si l'honneur et la probité étaient les compagnons forcés de tous les écussons.

De telle sorte qu'en dressant un tableau des titres de noblesse et des crédits correspondant à chacun d'eux, on obtient, chez la moyenne des fournisseurs, les résultats proportionnels suivants :

Titres	Crédits.
Prince	00,000 fr.
Duc	50,000
Marquis	25,000
Comte ou Vicomte	15,000
Baron	0,000
De ***	3.000
Simple roturier	7,50

Et lorsque survient une catastrophe, savez-vous ce que répond le bijoutier, si c'est lui la victime :

— Allez donc supposer de pareilles choses de la part d'un homme qui *se disait* grand seigneur.

Qui se disait, tout est là.

Mais, en attendant, l'honnête paye pour le fripon, car il faut bien que la perte se rattrape.

.˙.

A Nice :

On déjeune à London-House.

On dîne au Restaurant Français.

On soupe à la Maison Dorée.

.˙.

C'est bien le cas de dire que tout est convention en ce monde. Le fait suivant l'atteste.

Dans le courant de cet hiver, au cercle de la Méditerranée, une jeune étrangère fut reconnue par M. de X... pour appartenir au monde de la galanterie. C'était une belge ou une hongroise. Surpris de la rencontrer dans un monde dont elle n'est que la moitié, M. de X... réclama auprès des autorités du cercle. Immédiatement on alla aux renseignements. L'affirmation était exacte. La jeune étrangère, distinguée de naissance, aimable par habitude, jolie par la volonté du Créateur et riche de la prodigalité des autres, était courtisane par profession ou par tempérament, peut-être par tous les deux.

Comme on s'en doute bien, elle fut

aussitôt congédiée. La présence même, dans un bal de la Méditerranée, d'une femme du demi-monde, porte son enseignement.

En effet, il faut croire que si Mlle Poudre-de-Riz a été reçue d'emblée au cercle de la Méditerranée, avec accompagnement de courbettes à angle droit dues à son aimable sexe, c'est qu'apparemment tout militait en sa faveur. Et, du moment que les habitués de la Méditerranée ne l'ont point, à première ni même à seconde vue, prise pour une marchande d'amour, c'est qu'elle avait toutes les allures d'une honnête femme.

D'où je conclus que M. de X... a eu tort de la désigner à l'attention de l'administration du cercle, car, s'il ne l'eût pas fait, je n'aurais probablement jamais su, de mon côté, que la Méditerranée avait ouvert ses portes à deux battants devant une Marguerite Gautier quelconque, ce qui me mettrait aujourd'hui dans l'impossibilité de redire l'anecdote à mes lecteurs

⁂

En France, le signe de la croix, — c'est le ruban rouge.

⁂

Le jour de la *Vente de Charité au Square Masséna*, M. X... donna chez lui une matinée dansante suivie d'un merveilleux souper. Etait-ce intentionnel ? Dans tous les cas, ce fut maladroit.

Surpris, à juste titre, d'une pareille façon de procéder, plusieurs personnes jouèrent le tour suivant à M. X... Ils embauchèrent un commissionnaire de la place Masséna et, lui faisant subir force répétitions, ils lui apprirent à marcher, à saluer et à rire comme M. X..

Ils le vêtirent, en outre, absolument comme s'habille celui qu'il était chargé de représenter. Après quoi, ils lui firent distribuer, le lendemain Dimanche, première journée du Carnaval, à la tribune de la Préfecture, trois mille bulletins ainsi conçus :

CARNAVAL DE NICE 1876
MONSIEUR DES BANANIERS
CHEZ LUI
Le samedi 26 février, de 2 à 6 heures
MUSIQUE

Les Bananiers (Ste-Hélène)

Inutile d'ajouter que l'idée fut très-goûtée. Le commissionnaire obtint en M. X... un véritable succès d'imitation.

Il faut dire, toutefois, qu'il n'était pas très-rassuré, la pensée lui étant

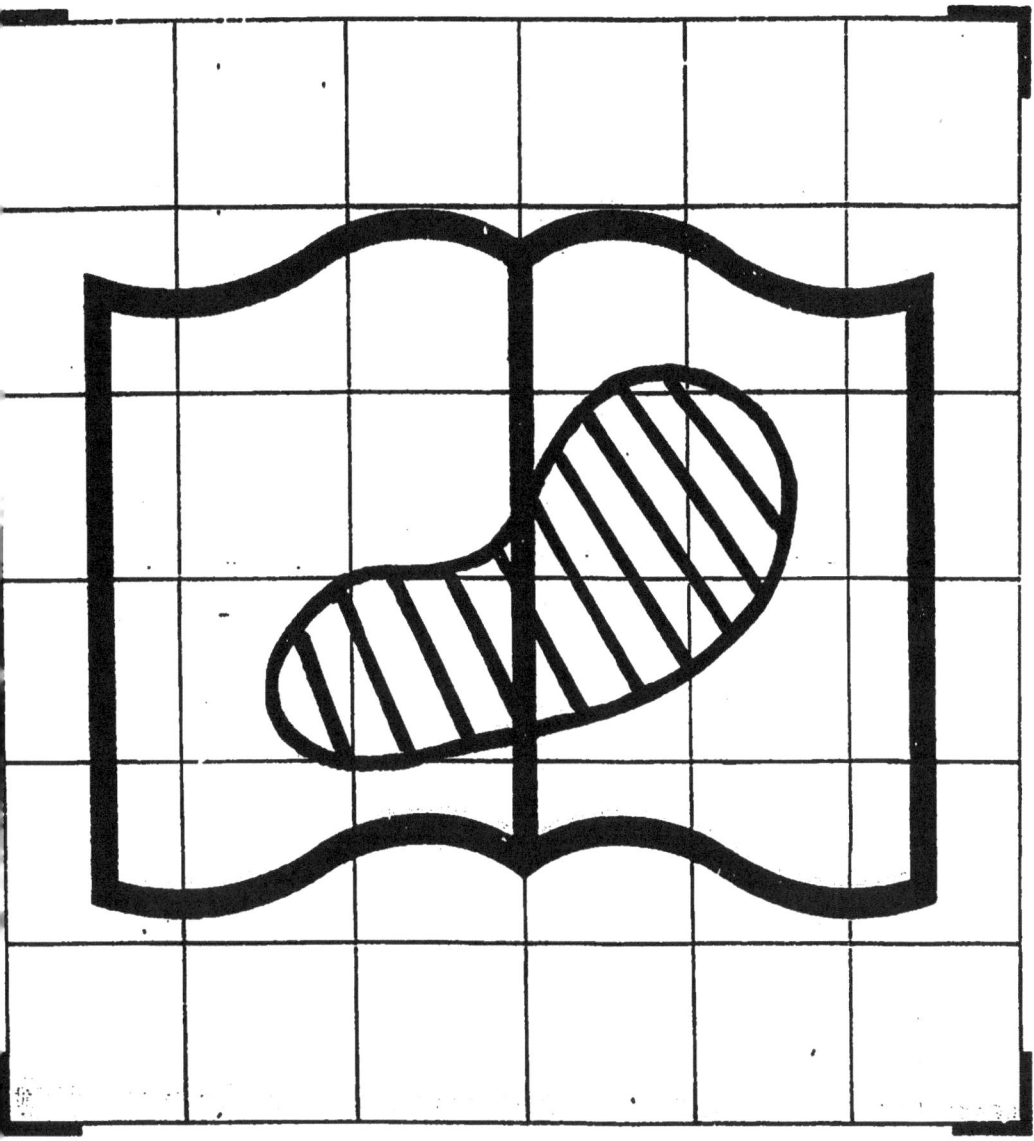

venue que c'était un personnage politique qu'on lui faisait représenter. Il en fut même tout-à-fait convaincu lorsque, alors qu'il procédait sous la tribune du comité, à sa distribution de bulletins, un gendarme vint lui mettre la main sur l'épaule. Ses jambes fléchirent et il se vit déjà au fond d'un noir cachot. Mais le gendarme voulait seulement l'inviter à monter à la tribune, où il était demandé.

Quant à M. X..., il envoya le lendemain *cinq cents francs* au Comité.

.⁂.

On parlait de l'église du Père Lavigne.

— Eh bien! on ne la termine donc pas?

— Mais si, puisqu'on y travaille. Seulement, ce sont les fonds qui manquent.

— Alors, qu'on prenne les fonts baptismaux.

SOUVENIRS ET PROPOS DE JOUEURS
(*Suite*)

Le jeu a souvent présenté l'exemple de gains bizarres et extraordinaires. Bien des cas étranges ont été cités avec étonnement, comme si, au jeu, tout n'était pas possible. En voici un, cependant, qui mérite d'avoir sa place marquée ici.

Il y a sept ou huit ans, un garçon d'hôtel arriva à Monaco. Le lendemain, il devait entrer à l'hôtel de Paris, actuellement dirigé par un homme charmant pour tous et sympathique à tous, M. Salerou.

Profitant de ce qu'il était encore inconnu, le garçon d'hôtel se présenta au Casino. Mais, outre qu'il ne payait guère de mine, il était au surplus dans un état d'ébriété assez réussi. C'était plus qu'il n'en fallait pour attirer l'attention du commissaire des jeux d'alors. Ce fonctionnaire lui interdit donc l'entrée des salons.

Notre garçon, légèrement désappointé, ne souffla pas mot et sortit tout penaud. Mais l'ivresse a des entêtements féroces. Celui qu'on avait impitoyablement évincé se mit aux aguets, se promettant bien de mettre à profit la première occasion favorable qui se présenterait. Il ne fut pas long à attendre. Cette occasion se montra sous la forme d'un groupe nombreux de personnes qui franchit en même temps le seuil du kursaal. Au milieu de cette foule le garçon de restaurant avait pris place. Il entra sans être aperçu.

Toutefois, comme il craignait d'être découvert à nouveau, il eut soin d'aller jusqu'à l'extrémité du dernier salon. Là, il s'arrêta à une table de trente-et-quarante — où il mit *dix centimes*.

Un croupier les écarta avec son râteau.

Il les ramassa — et les rejoua le coup suivant. L'employé, impatienté, les retira du jeu en ajoutant :

— Ici, on ne joue pas moins d'un louis.

Que fit le garçon ? Il déboutonna aussitôt son paletot, passa la main entre sa chemise et son gilet de flanelle et en retira un paquet de billets de banque crasseux et graisseux. C'était toute sa fortune. Il la jeta à la couleur. On compta. Il y avait trois mille cinq cents francs. Il gagna et laissa. La couleur vint encore. Le maximum étant dépassé, l'employé retira le supplément. Toujours noire. Et ainsi pendant plusieurs coups. Ahuri, hébété, ne comprenant rien à ce qui se passait, le garçon, pris d'un mouvement nerveux, se précipita sur ses 3,500 francs comme un oiseau de proie sur un sansonnet. Cela fait, il allait se retirer, quand l'employé lui dit, en désignant une liasse de papiers bleus :

— Et tout ceci ? — C'est à vous.

Cette fois, rappelé au sentiment de la réalité, le garçon de l'hôtel de Paris réunit d'un revers de main, au fond de son chapeau, le montant de son gain et sortit en courant.

Arrivé à la porte du Casino, il aperçut le commissaire, alla droit à lui, et tendant son chapeau :

— Et maintenant, lui dit-il, suis-je assez comme il faut pour entrer ?

Il avait gagné soixante mille francs.

Non seulement le garçon d'hôtel en

question n'a plus joué, mais les soixante mille francs lui ont servi à fonder, à Vence-Cagnes, un restaurant qu'il tient encore.

∴

Monte-Carlo est un théâtre où l'on joue des pièces — d'Or et d'Argent, deux auteurs qu'on aimerait bien avoir toujours dans sa manche.

∴

Un joueur curieux à observer, c'est le rédacteur en chef du *Figaro*. Malheureusement il n'a pas paru à Monte-Carlo cet hiver. Pierre Véron, Aurélien Scholl, Siraudin, Bertall et bien d'autres sont venus payer à la banque leur tribut, devançant de vingt mille numéros Charles Monselet attendu prochainement. M. de Villemessant, lui, ne s'est pas montré. Je le regrette d'autant plus qu'il nous aurait encore sorti quelque surprise de son sac inépuisable.

Ainsi, l'année dernière, il n'avait rien moins que fondé une société dont les intentions étaient des plus hostiles. Il s'agissait tout simplement de faire un trou énorme à la banque. Comme on le voit, la conspiration était sérieuse. Il voulait se venger de la roulette qui lui enleva un jour plus de cent cinquante louis — joués sur le zéro, qui s'obstinait à ne pas sortir. Ce qui lui fit même dire en riant :

— Ah ça ! mais est-ce qu'il n'y aurait pas de zéro, par hasard, dans cette maison ?

Mais revenons à la société. M. de Villemessant disposait d'un capital de 30,000 francs, souscrit par actions de 250 francs imprimées sur papier blanc cartonné et dont voici la copie exacte :

SOCIÉTÉ MORALE

DU DÉGRAISSEMENT DE LA BANQUE DE MONACO
OU DU GOUSSET DES SOUSCRIPTEURS

—

Action de 250 francs
donnant droit à une part de bénéfice proportionnelle au capital social

—

Les administrateur, gérant, teneur de de livres et caissier n'auront droit à aucun traitement.

Signature du souscripteur :

Signature du gérant :
SAINT-ALBIN, PRÉVEL
DE VILLEMESSANT & C¹⁰.

Et qu'advint-il ? Mais il advint que le trou fut fait... au gousset des souscripteurs.

A la roulette :

— 27 ! Vous ne gagnez pas !

— Naturellement, puisque j'ai mis à *perd*.

.˙.

Peu de personnes savent d'où viennent les roulettes et ce qu'elles coûtent. Les roulettes (ou cylindres) sont fabriquées à Strasbourg chez un nommé Ulgerer. Quelques-unes sont construites à Hombourg, mais c'est le petit nombre.

Une roulette coûte 750 francs. Chaque tapis revient à environ 250 francs.

Le cylindre, lancé fortement, tourne pendant douze minutes. Monté sur un pivot en fonte, on ne l'enlève que pour le graisser, après quoi il est remis en place et vérifié au moyen du niveau d'eau.

.˙.

Au café de Paris :

— Eh bien, comment allez-vous ?

— Comme un homme qui a perdu...

— Cinquante louis ?

— Non, sa belle-mère.

(Le chœur des assistants).

— Veinard, va !

∴

Soit au trente-et-quarante, soit à la roulette, il est à remarquer que les joueurs jouent sur la couleur rouge dans la proportion de 70 sur 100. Cette différence tient à ce que sur le tapis, le rouge frappant plus spécialement le regard, fait pour ainsi dire appel au joueur.

∴

— Mais il me semble, Monsieur, que je vous connais.

— En effet, nous nous sommes rencontrés quelque part.

— Ah ! je me souviens, — sur le dernier sixain.

LES FÊTES DU CARNAVAL

Il s'en est fallu de l'épaisseur de Mme X... — celle dont un journaliste irrévérencieux a dit : « C'est un manche à balai recouvert d'une peau d'anguille » — que le Carnaval n'eût pas lieu cette année — ce qui eût été regrettable à tous égards.

Le Comité qui, depuis trois ans, avait présidé à l'organisation de ces fêtes merveilleuses, s'étant trouvé, l'année dernière, en désaccord avec l'opinion au sujet de la distribution des récompenses des mascarades, annonça, au dernier moment, sa résolution de se dissoudre, résolution qui fut immédiatement mise à exécution.

Cette brusque détermination faillit être fatale au Carnaval, en ce sens qu'elle désorienta tout le monde et qu'on fut à se demander pendant quelques jours si, oui ou non, les fêtes auraient lieu en dépit de ce contre-temps.

C'est à ce moment qu'intervint, fort à propos, un homme de haute et intelligente initiative, M. le vicomte Vigier, auquel nous sommes heureux de payer ce juste tribut de reconnaissance.

M. le vicomte Vigier se rendit chez M. le Maire pour lui proposer, en sa double qualité d'homme privé et de Président du Cercle de la Méditerranée, de provoquer la formation d'un nouveau Comité.

Cette demande fut accueillie avec empressement par M. Raynaud, et, fort de l'appui de la Municipalité, sans perdre un temps précieux, courageusement, hardiment, M. le vicomte Vigier se mit en devoir de réparer le temps perdu.

Grâce à son activité, doublée de celle de ses amis, un nouveau Comité fut immédiatement formé et une affiche placardée sur tous les murs en fit connaître au public la composition qui était celle-ci :

CARNAVAL DE NICE

Comité d'organisation des fêtes
Sous le patronage de l'administration municipale

Président :
M. le duc de CASTRIES

Vice-Présidents :
MM. MASSÉNA, duc de Rivoli.
comte VITOLD KORWIN DE KRASSOWSKI
marquis de SAINT-AIGNAN.
baron de PALLANDT.

Secrétaires :
MM. Maurice GODART-DECRAIS.
Andriot SAETONE.

Trésorier

M. le baron ROISSARD DE BELLET.

Membres du Comité

MM. le comte Aguado
 Auzac (d')
 Auvergne (d')
 Audiffret (Emile d')
 Balfour
 Baltazzi
 Barral (le général de)
 Blount (capitaine)
 Boreel (Alfred)
 Branicki (le comte)
 Chiris (Edmond)
 Clausade (de)
 Courson de la Villeneuve (capitaine)
 Delacour
 Fontana
 Furstemberg (prince Ch. Egon de)
 Gilly (Jules)
 Gawronski (comte)
 Gurowski (comte de Wezele)
 Jaraczewski (comte)
 Jarry
 Johnston (sir Frédéric)

MM. Lagrange (comte de)
Lambertie (comte de)
Lambsdorf (comte de)
Lewin
Montagu (Ollivier)
Pernetty (le vicomte)
Pletscheieff (comte d')
Prodgers
Rimski-Korsakow
Sabatier
Saint-Clair (baron de)
Stohow (comte)
Shablikine (général J. de)
Starzinski (comte)
Thompson-Chauncy
Tyskiewicz (comte)
Vallombrosa (duc de)
Vandeleur.
Vigier (le vicomte)
Willis
Winslow (Richard)
Zamoiski (comte)

***

On remarquera qu'avec une délicatesse, un tact et un sentiment de convenance exquis, M. le vicomte Vigier, faisant abstraction complète de sa haute personnalité, offrit la présidence du Comité du Carnaval à M. le duc de Castries, beau-frère du maréchal de Mac-Mahon.

C'était un heureux début et d'un bon augure.

Sur ces entrefaites, la Mairie ouvrit dans ses bureaux une souscription, qui atteignit en quelques jours la somme énorme de 42,000 francs, juste le double de celle de l'année précédente.

Il convient de reconnaître que les membres du Comité, non contents de prodiguer leur temps, se sont également montrés très-prodigues de leur argent, ce qui constitue, pour eux, un double titre à la reconnaissance publique.

.˙.

Fidèles à ce principe, mis heureusement en pratique depuis la création du Carnaval de Nice, qui établit que les pauvres seront appelés à profiter de cette avalanche de fêtes incomparables et que la charité en sera le but principal, les membres du Comité ne négligèrent rien pour que les déshérités de ce monde eussent lieu de se tenir pour satisfaits.

Grâce à ces Messieurs « la profession de pauvre » à Nice sera, l'année prochaine, extrêmement recherchée.

Qu'on en juge par les chiffres que nous allons produire dans les pages suivantes.

.⁎.

La fête de Charité offerte à la Ville de Nice par le bureau de bienfaisance sous le patronage de Mme la Vicomtesse Vigier et donnée le 19 Février au Cercle de la

Méditerranée a produit les résultats que voici :

RECETTES

Produit des cartes d'entrée et des loges..................Fr.	17.030 »
Cercle de la Méditerranée......	1.000 »
Don de S. A. S. le prince de Monaco........................	100 »
Don de M. le prince d'Aremberg	50 »
Don de M. le comte de Montalivet	100 »
Don de M. le comte Potocki, 1er don (déduction faite du prix des billets)................	140 »
Don M. Gauthier Joseph (promenade des Anglais)........	100 »
Don de M. Blanc, de Monaco...	500 »
Don de Mlle Albani...........	125 »
Don de M. Chevallier, architecte du Cercle....................	20 »
Don de Mme André...........	60 »
Produit de 16 loges louées à l'occasion du bal du 16 février.	800 »
Total..Fr.	20.025 »

A ce chiffre de 20,025 francs, il faut ajouter les dons reçus directement par le bureau de Bienfaisance et dont voici le détail :

Don du Cercle Masséna..... fr.	1.000 »
Don du marquis de Villeneuve-Bargemon....................	100 »
Don de Mme la comtesse Castellane....................	200 »
Don de M. le comte Potocki (2ᵐᵉ don).....................	400 »
Don de M. Mestrallet de Tyon..	500 »
Don de la Banque de France...	200 »
Don de la Compagnie anonyme du gaz......................	200 »
Souscription de Messieurs les professeurs du Lycée.......	600 »
Don de M. le capitaine Luxon..	749 85
Don d'un anonyme............	50 »
Don d'un Américain...........	20 »
Total.........Fr.	4.019 85
A ajouter.......	20.025 »
Total général....Fr.	24.044 85

A déduire, maintenant, les dépenses suivantes :

Somme convenue à forfait avec la direction du Théâtre-Italien pour confection de huit scènes nouvelles, décors et mécanismes, costumes des chœurs et des artistes, répétitions, orchestre et relâche du 19.	4.750 »
380 affiches, timbre, collage et 4,000 programmes............	200 »
Frais de poste, envoi d'affiches et de programmes	53 75
Réparations supplémentaires du mécanisme de la scène.......	350 »
Frais pour décors, fleurs, service, éclairage, etc., *néant* (le tout ayant été offert gracieusement par le comité de direction du Cercle de la Méditerranée)...	
Total général des dépenses..Fr.	5.353 75

Qu'il faut retrancher de 24,044 85, ce qui donne le chiffre net de *dix-huit mille six cent quatre-vingt-onze francs dix centimes.*

Afin de procéder par ordre et pour ne pas fatiguer nos lecteurs par une trop longue énumération de chiffres, nous allons couper notre nomenclature par le compte-rendu de la représentation de *Faust* au cercle de la Méditerranée à cette occasion.

Sa place ici est toute indiquée.

.˙.

FAUST AU CERCLE DE LA MÉDITERRANÉE

Mme *la vicomtesse Vigier*

La salle est resplendissante de lumières, de toilettes et de parfums.

Tous les écrins se sont ouverts et les plus belles femmes, les plus belles fleurs et les plus beaux diamants en ont jailli.

Quand on entre, c'est un éblouissement; le regard, mal affermi, flotte avec indécision sur cette assemblée scintillante, mouvementée, houleuse, voltigeant tour à tour sur une épaule blanche, un collier miroitant, une écharpe rose, une gorge ronde, un bras potelé, sans arriver à se fixer.

On prend place. Le calme se fait. On commence à distinguer.

On voit devant soi un public d'élite, un public de « premières » qu'envierait l'Opéra.

Toutes les femmes rivalisent d'élégance, de luxe et de beauté ; toutes font assaut de grâce et de magnificence.

—

Pour les pauvres, s'il vous plaît ?

Gageons que personne n'y pense en ce moment.

—

Les conversations s'engagent, les regards s'échangent, les saluts se croisent, les yeux s'observent, les femmes s'examinent curieusement.

Au milieu du froufrou des robes, du gazouillement des éventails et du grincement des bottes vernies, quelques mots arrivent aux oreilles, bizarrement entremêlés.

— Vous êtes sûre que c'est Mme X...?

— Étiez-vous à London-House ce matin?

— J'étouffe ici!

— Hein! quelle planche que cette petite Américaine!

— C'est un ballon captif...

— A son âge!...

— Je vous l'assure...

Naturellement, ces conversations à bâtons rompus, dont vous ne saisissez que des bribes par ci par-là, n'ont qu'un médiocre intérêt pour vous.

Heureusement le rideau se lève.

Le fracas a soudainement cessé.

Toutes les lorgnettes se braquent sur la scène.

Le feu de la rampe que va affronter Mme la vicomtesse Vigier n'est rien auprès de celui des milliers d'yeux qui l'attendent.

Elle paraît.

On sent qu'elle est en proie à une indicible émotion.

Eh! dame! j'aurais bien voulu vous voir à sa place!

Mais l'artiste a bientôt repris le dessus, la vicomtesse Vigier s'éclipse pour faire place à Sophie Cruvelli.

.˙.

Pour les pauvres, s'il vous plaît?

La critique perd ses droits en de semblables circonstances. Nous n'avons pas à porter un jugement, si favorable qu'il soit, sur cette femme du monde, qui a dit adieu à la scène pour toujours et qui condescend à y reparaître dans un but de charité.

En dépit de tous nos efforts, nous ne cessons de voir, sous le masque complaisant de l'artiste, les traits altiers de la vicomtesse.

On n'est pas maître de ces choses-là.

Les artistes du Théâtre-Italien : Mme Dory *(Siebel)* et MM. Bettini *(Faust),* Valle *(Méphistophélès)* et Tagliapietra *(Valentin)* prêtent leur concours précieux à cette *Marguerite* égarée au milieu d'eux.

La représentation marche dans la perfection.

*
* *

Après le troisième acte, MM. Jules Gilly, adjoint au maire, au nom de la municipalité niçoise, et M. John Lewin, au nom du Cercle de la Méditerranée, viennent, accompagnés de plusieurs messieurs, remercier Mme la vicomtesse Vigier et féliciter Sophie Cruvelli.

∴

A l'acte suivant, c'est le tour des pauvres qui vont se prosterner devant leur bienfaitrice.

C'est un excès de *couleur locale* qui prête à des commentaires fâcheux et qui justifie, jusqu'à un certain point, cette plaisante bouffonnerie qui nous parvient aux oreilles :

— Tiens ! mais ce sont ceux de tout à l'heure qui se sont déguisés !

— Non, voisin farceur, ce ne sont pas *ceux de tout à l'heure*. Ce sont de *vrais* pauvres, nullement *imités*.

N'importe ! on ne s'explique pas parfaitement cette cocasse exhibition.

．•．

Ne restons pas sur cette note discordante et hâtons-nous d'ajouter que tous les spectateurs sont partis en emportant un excellent souvenir de cette soirée, y compris les pauvres qui se sont empressés d'aller prévenir leurs confrères de se préparer à acheter de la rente dans la quinzaine.

On remarque dans la salle, au hasard de la lorgnette :

Mmes la marquise et la comtesse Constantin, cette dernière en robe bleue relevée de dentelles ; la marquise Saluzzo di Castellar, une des plus élégantes patriciennes de Turin, en gaze bleue de Chambéry, fleurs d'argent dans les cheveux;

Mlle de Cessole, accompagnée du fils de la duchesse de Litta ; la duchesse de Castries ; M. et Mme la comtesse de Soutzo ; Mme et Mlle Moreno-Gonzalès ; M. et Mme Decrais ; M. et Mme Thomas, dans le voisinage d'un haut dignitaire brésilien, très-remarqué par la croix qu'il porte au cou, suspendue à un large ruban rouge et la plaque de diamants qui brille sur le côté gauche de son habit ; Mme et Mlles Bellotti ; M. et Mme Henry Tiranty ; Mme la comtesse de Saissel ; M. et Mme Danesi ; M. et Mme de Herzeele ; Mme Sabatier ; M. et Mme d'Aspremont ; le duc de Parme ; M. et Mme Hyginius Tiranty ; Mme la baronne Durante ; Mme Nicot ; M. et Mme d'Auzac ; M. et Mme del Borgo ; Mme la marquise de Cortanze ; Mlles Robinson, Spang, How, Bueno, Duran, Henderson, Aimée Bounin, etc.

MM. le duc de la Conquista ; duc de Rivoli ; Rauws ; le comte Gauthier ; de Semenow ; le général Shablikine ; Edgard Rodrigues ; Maurice Gros ; d'Audiffret ; le capitaine Patton ; le baron de Saint-Clair ; etc.

.˙.

A une heure du matin, rêveuse au fond de son coupé, la comtesse de ***, qui regagnait au galop de ses deux purs-sang sa villa de Carabacel, murmurait encore, au grand ébahissement de son mari, cette phrase incompréhensible :

— Pour les pauvres, s'il vous plait ?

— A quoi pensez-vous donc, comtesse ?

— Pardon, mon ami, je croyais revenir du Salut.

— Vous avez mérité le vôtre, madame.

Au même instant, deux gendarmes en tournée, qui chantonnaient en chevauchant, répétèrent ce refrain fameux :

Brigadier... vous avez raison.

.˙.

LE GRAND VEGLIONE

Jeudi, 24 février 1876.

Un promeneur : — Où cours-tu donc si vite, mon beau domino ?

— Au Grand Veglione.

— Tu es donc employé dans les pompes funèbres ?

— Que veux-tu dire ?

— Voilà deux années de suite qu'on nous invite à un bal et qu'on nous fait assister à une cérémonie funèbre. Pas de danger qu'on m'y repince !

Le promeneur poursuit sa route, mais

le domino, peu convaincu, se précipite au Théâtre-Italien.

Bien lui en prit.

Quelle heureuse métamorphose !

A la bonne heure, on s'amuse, cette fois-ci, et pour de bon.

Cela tient de l'enchantement.

Mais quel est l'enchanteur ?

Un plaisant nomme Merlin, un gentleman murmure : Vigier !

— Eh quoi ! encore le vicomte ?

— Lui-même.

— Toujours lui, donc. ?

— Parbleu !

Qu'on nous donne sa baguette, nous la ferons encadrer.

.˙.

Tout le monde est à son poste.

M. le Préfet Albert Decrais occupe sa loge avec Mme Decrais et sa famille.

Dans les loges : M. et Mme Prodgers ; M. et Mme Tiranty ; M. le comte et Mme Caravadossi d'Aspremont : M. et Mme Solaro Delborgo ; le général Daudel ; Mme Sabatier dans un splendide domino de satin noir couvert de dentelles, et ses filles : Mmes la vicomtesse Bernis et Lagarde en toilettes de bal ; M. Mme et Mlles Wilson et Mme et Mlles de Chamberlain représentent la fine fleur de la colonie niçoise et de la colonie étrangère.

Dans la *loggia* : M. le vicomte et Mme la vicomtesse Vigier, M. le duc de Castries ; M. le comte Aguado.

La *gentry* masculine est représentée, sous des costumes divers, par MM. Emile d'Audiffret, Fontana, Maurice Gros, Michel et Albert Gautier, Gallula-Delchiar, Arthur Douis, etc., etc.

Mmes Soubise, en domino noir, Laure

Heymann en *Odalisque*, Phalène en *Bouquetière*, Marie Minotti en *Folie* et Henriette en *Suissesse*, représentent le demi-monde.

Le Théâtre-Français n'a pas voulu rester en arrière et a dépêché : Mmes Marie Petit en *Reine des Canaques*, Nordmann en *Bergère*, Jansey en *Nourrice russe*, Albisson et Bergeron en dominos noirs.

Mmes Pasqua et Mecocci, du Théâtre-Municipal, circulent à travers la foule, guidées par leur impresario, M. Cresci.

Parmi les irrégulières, on remarque : Valentine en costume de *Paysan aisé* et Marie Delaunay en *Bergère Watteau*.

Mais assez de noms. Le chef d'orchestre lève son bâton de commandement, les quadrilles se forment en carrés.

Hurrah ! la gaieté française règne ici en souveraine et sème ses éclats de rire sur cette multitude de masques bariolés qui secouent joyeusement les grelots de la folie.

Hurrah ! les couples s'enlacent, les lazzis se croisent, les souffles se mêlent, les jambes se frôlent, les cœurs battent...

Tout chante, tout chante...
Tout danse, tout danse...

Hurrah ! les intrigues se nouent, les déclarations se glissent dans les madrigaux, les plaisanteries s'échangent, les gaies réparties pleuvent, vive Carnaval !

.'.

Et pif ! paf ! Boum !
Tarata tarata boum !
C'est moi qui suis l'général Boum ! Boum !

Bravo, général, quelle entrée et quel entrain !

— *Sapristi !* — comme vous dites — vous entendez supérieurement le plaisir.

Faut-il déchirer votre masque en papier végétal ? Pourquoi pas, puisque tout le monde vous a reconnu et applaudi ?

Donc, M. Emile d'Audiffret, acceptez nos meilleurs compliments !

Et pif! paf! Boum !

.*.

Hélas! trois fois hélas ! le jour se lève trop matin.

Tous les soupers servis dans les loges sont achevés.

Il faut partir, car

Veglione a vécu ce que vit un Veglione
L'espace d'une nuit !

.*.

LA VENTE DE CHARITÉ
au square Masséna

—

Samedi 26 février 1876

Au triple point de vue de l'élégance, du goût et de l'entrain, la vente de charité de cette année ne l'a cédé en rien aux ventes des années précédentes. Les dames patronnesses, ravissantes et affables, très gaies et très-charmantes, donnaient à cette réunion publique un cachet de suprême distinction. Les commissaires, amusants et rieurs, ajoutaient à la gaieté de la vente qui a duré de deux à cinq heures. Les kiosques, d'une construction gracieuse et variée, étaient décorés d'une façon tout à fait exquise et pleine de coquetterie. Vu dans son ensemble, ou examiné en détail, le square Masséna offrait ce jour-là un coup d'œil aussi pittoresque que varié.

Premier Kiosque

Pâtisserie et Confiserie. — Mme la duchesse de Castries en havane; Mme la princesse Sangusko en blanc; Mme la comtesse de Lagrange en écossais; Mme de Brinska en noir; Mlle Anderson en noir.

Commissaires : MM. le vicomte Vigier, le comte Jarazewski et le comte de Lagrange.

Les recettes de ce kiosque (confiserie et pâtisserie) sont énormes. Aussi l'appelle-t-on le *Kiosque des gourmands*.

Second Kiosque

1er Buffet. — Mme Decrais, toilette de ville noire, pardessus crème; Mme la comtesse Starzinska; Mme d'Auvergne.

Commissaires : MM. Saëtone et Maurice Godard-Decrais.

Après la pâtisserie, le breuvage. De la

coupe aux lèvres, il y a la distance de plusieurs gâteaux, soldés un louis pièce — au moins.

Troisième Kiosque

Industrie Niçoise. — Mmes Hyginius Tyranty, en velours noir avec dessus de crême, et de Bernis, en gris, développent énormément d'industrie — au profit des pauvres.

Commissaires : MM. le duc de Rivoli, d'Audiffret et Edmond Chiris.

Quatrième Kiosque

Jouets. — Mmes Sabatier, de Lagarde et Nicot.

Commissaires : MM. Maurice Gros et de Maulde.

Dans ce kiosque, tout le monde s'amuse.

C'est assez naturel. Où il y a des jouets — on joue.

Cinquième Kiosque

2ᵐᵉ Buffet. — Mmes la comtesse d'Aguado et baronne de Pallandt.

Commissaires : MM. le comte Starzinski et d'Auzac.

Les recettes se multiplient. Quand on tient un buffet, le principal est de ne pas laisser les pauvres mourir de faim.

Sixième Kiosque

Parfumerie. — Mmes Willis, Guise, How, et Mlle J. Willis, toutes les quatre en blanc avec écharpes tricolores.

Commissaires : MM. d'Auvergne, de Carhart et de Fontanes.

Chacune de ces dames aurait dû avoir pour devise : *A la belle Parfumeuse.*

Septième Kiosque

Tabacs. — Mmes d'Auzac en blanc et violet, la comtesse de Constantin et la vicomtesse Pernetti.

Commissaires : MM. le comte Aguado, Willis et Udhé.

Ce kiosque a fait d'excellentes *prises*.

Huitième Kiosque

Tombola. — Mmes la vicomtesse Vigier en noir, la comtesse Batyany, de Bergenstein, Mlles Annie et Blanche Willis en blanc, écharpe bleue, écharpe rose. Bonnet *Angot*.

Commissaires : MM. le prince de Furstemberg, Rimsky-Korsakoff, Goubareff, Goudine, le comte Laurentie, le comte Gourowski et de Lambsdorff.

Beaucoup de billets ont été placés.

— Je voudrais, dit un amateur, que ces billets fussent faits de papier satiné.

— Pourquoi, lui demande-t-on ?

— Parce que ce seraient des billets doux.

Indiscret, va.

Neuvième Kiosque

Fleurs. — Mlles Lucie et Carmelita Durau en noir, bonnet *Fille Angot*. Mlle de Chamberlain, la plus jeune, porte une ravissante tunique en drap couleur crème brodé d'or, due à un habile costumier. Chapeau de Pierrot. Mlles Grace et Lély Worden en noir. Mlle Brès en bleu. Mlles Marie et Fanny Lacroix en noir avec bonnet blanc. Mlle Théo Robinson, robe couleur crème. Mlle Spang en velours bleu avec pardessus gris. Mlles Winslow, Jessie, Sylvinita Bueno, Courson de la Villeneuve, Leach, de Saint-Aignan et Tabard.

Commissaires : MM. Raynaud, maire de Nice ; Jules Gilly, adjoint ; capitaine Courson de la Villeneuve, Prodgers, Thompson, Sabatier, Winslow, Boreel, de Clausade, Vandeleur, comte Gowrouski et Balfour.

On nous assure que ces demoiselles ont toutes pour petits noms : *Rose* ou *Jacinthe*, *Violette* ou *Marguerite*.

Au Théâtre-Bijou

par M. Alexandre Lacoste, Polichinelle bat des *commissaires*. La foule, d'abord surprise, se calme aussitôt qu'elle apprend qu'il ne s'agit pas des commissaires de la fête à laquelle les musiques municipale et du 111ᵐᵉ de ligne ont prêté leur gracieux concours.

On a beaucoup remarqué l'absence de quelques personnalités marquantes de la colonie étrangère.

Renseignements pris, il paraît que M. X..., mécontent de n'avoir pas été choisi pour faire partie du comité d'organisation des fêtes, avait choisi le jour de la Vente de Charité pour donner un concert dans *sa villa des Bananiers*, où il avait convié tous ses amis.

Cette petite taquinerie n'a pas eu, fort heureusement, de conséquences fâcheuses, s'il faut en croire les chiffres atteints à cette vente, chiffres qu'on trouvera plus bas.

Les commissaires de la Vente de Charité se sont spirituellement vengés, pen-pendant les jours du Carnaval, de cette puérile incartade.

Voici les résultats de la vente de charité par kiosque :

1er Kiosque	3,539 45
2me Kiosque	2,412 50
3me Kiosque	2.260 »
4me Kiosque	2,080 50
5me Kiosque	1,300 »
6me Kiosque	1,160 »
7me Kiosque	2,115 25
8me Kiosque	5,036 »
9me Kiosque	4,798 60
Entrées	3,878 »

Ce qui donne le respectable total de : *Vingt huit mille six cent quarante francs trente centimes.*

Si les pauvres ne sont pas contents, c'est qu'ils sont bien difficiles à contenter.

Avouons-le.

LE CARNAVAL

Première journée. — *27 février*

Huit heures. Un coup de canon retentit, suivi d'une quantité d'autres. C'est le signal des fêtes. Il indique l'avènement de Carnaval, un souverain dont on salue, chaque année, le retour avec enthousiasme et dont la chute laisse des regrets dans tous les cœurs.

Une agitation inaccoutumée règne dans les rues qui se peuplent, comme par enchantement, d'une multitude de badauds tout frais débarqués des trains de plaisir. La rue St-François-de-Paule et la Promenade du Cours sont envahies par une cohue d'étrangers qui contemplent avec ébahissement les préparatifs de la fête à laquelle ils assisteront dans l'après-midi et qui s'arrachent, à prix d'or, les places restées vacantes aux fenêtres, sur les balcons, dans les loges.

Çà et là, quelques masques isolés circulent en dansant : ceux qui n'ont pas eu la patience d'attendre le commencement du défilé et qui n'aspirent pas à mériter les suffrages du jury chargé de la distribution des récompenses. Ce sont les convaincus, qui se persuadent, de bonne foi, qu'il n'y a pas au monde de plaisir supérieur à celui de s'affubler de la première défroque venue.

A partir de midi, l'aspect du parcours des mascarades change absolument. Chacun se rend à sa place de combat et prépare ses munitions de guerre, qui consistent en *confetti* et en bouquets de toutes les dimensions.

Dès une heure, la bataille s'engage timidement par quelques escarmouches sans importance ; le branle-bas n'a pas encore sonné.

C'est le moment de donner une description, aussi exacte que possible, de la physionomie de la rue.

.*.

Sur une distance d'environ deux mille mètres, et, surmontant une double rangée de poteaux enguirlandés, des milliers de bannières et de drapeaux de toutes les nations se balancent au gré des vents : les fenêtres sont pavoisées, les boutiques transformées en loges, les rues transversales interceptées par des constructions en bois de charpente sur chacune desquelles trouvent place une soixantaine de curieux. A chaque fenêtre se pressent trois ou quatre personnes, quelquefois plus, qui se penchent pour mieux voir ce qui se passe au-dessous d'elles. Les maisons ont l'air vivant, il semble qu'elles sont animées et que ce sont elles qui distribuent les poignées de *confetti*. Chacune d'elles a deux cents têtes et quatre cents bras, pour le moins. C'est un spectacle fort divertissant.

Aux tribunes élevées sur la place de la Préfecture prennent place les privilégiés, qui font face à la multitude entassée sur les Terrasses des Ponchettes.

Dans la rue, parmi les piétons, il y a un peu de tout : une armée de gamins qui se battent avec acharnement à coups de *confetti*, qu'ils ramassent à terre; des marchands échelonnés de dix pas en dix pas et qui sollicitent les passants par ces mots significatifs : « Bon.. bons ! »; beaucoup de badauds, armés d'un masque destiné à les protéger, au moins quant à la figure, contre les projectiles qui pleuvent sur eux de toutes parts; et, enfin, les volontaires acharnés qui payent courageusement de leur personne et qui luttent corps à corps avec les masques comme avec le public des fenêtres et des loges.

Mais, attention ! le défilé commence :

Voici *un rosier* qui s'avance, suivi de près par *une paire de ciseaux*, qui précède elle-même *une bouquetière*. Un conflit est imminent. Il est heureusement conjuré par l'arrivée d'un *escadron d'escargots* qui vient mettre le holà. Une *tortue-dépêches* va transmettre cette bonne nouvelle à un *kiosque de journaux* qui la répand dans le public. *Huit violon-*

celles, marchant à la queue leu-leu, exécutent... une danse échevelée autour d'un *mât de cocagne,* au-dessus duquel plane *un ballon* gigantesque. A ce moment, une immense clameur retentit. Elle est occasionnée par l'arrivée du

Char de la Cuisine renversée

traîné par des marmitons, chargés de chaînes en boudins et en saucissons. Sur ce char, un veau, une oie, un cerf, un porc, des écrevisses, des poulets, révoltés, font cuire à la broche un marmiton qu'ils lardent à coups de fourchette. Le chef cuisinier est pendu dans le garde-manger.

Un poussin émancipé suit ce char en picotant un *Paquet de tabac,* à la plus grande joie d'*Un chat* qui le guette, mais que l'arrivée de l'*Atelier des tailleurs*

A NICE ET A MONACO 179

oblige à se blottir dans un *Tuyau de cheminée*. *Une girafe* est enveloppée par un bataillon d'*Autruches* que disperse fort à propos

La cavalcade des Diables

sous les ordres de Pluton en personne, suivie d'une *Pharmacie infernale*, destinée à droguer tous les *Malades au lit* qui se groupent autour d'elle. *Un insecte* voltige autour d'*Une grappe de raisin*, mais il se sauve à l'approche d'*Une lampe carcel* précédant *La Noce villageoise*, qui festoie sous la treille, mangeant, riant et se régalant du vin de *la Comète*, au grand étonnement d'*Un hibou* que heurte brusquement *Une malle* contre laquelle manque de se briser *Une bouteille d'encre*.

∴

Les Chinois vainqueurs du Serpent s'écartent pour laisser passer

Le Char de la Garenne

conduit par de vrais *lapins* d'écuyers et qui contient une dizaine de superbes lapins auxquels une paysanne généreuse distribue libéralement des feuilles de choux.

Un *hermaphrodite*, après avoir consulté *Une horloge* du voisinage, traite de l'achat de plusieurs *Sacs de céréales* avant de s'embarquer sur *Un bateau à vapeur*, qui remorque *La flotte Suisse*, composée du *Roi des Montagnes*, du *Courrier des Alpes*, du *Juif errant*, du *Garde forestier*, du *Touriste* et du *Facteur rural*, mais il en est empêché par l'arrivée de

La cavalcade de Faust

composée de Marguerite, de Faust, de Méphistophélès et de Valentin, escortés par une dizaine de diables multicolores.

Huit fontaines, se rangeant en cercle, forment un véritable monument autour duquel viennent danser les *Pirates de Girofté-Girofla* qui se disposent à enlever un groupe de *Blanchisseuses* que viennent délivrer *Les Pêcheurs,* guidés par *Un valet de cœur.*

⁂

Sous une pluie de *confetti* s'avance *Le château de Monaco,* escorté par les carabiniers... d'Offenbach ; un cocher Blanc est sur le siège, dirigeant le char conduit par *Rouge* et *Noir, Pair* et *Impair, Passe* et *Manque. Une roulette* solitaire suit mélancoliquement cette mascarade, précédant *Un pigeonnier*, dont les locataires semblent attendre leur pâture d'une *Machine à triller le riz* qui les accompagne.

.˙.

Un tailleur se querelle avec un *horloger* au sujet d'un *Pomponnet*, ils en seraient peut-être arrivés à se donner un *Soufflet*, sans l'intervention d'*Un balai* qui rétablit entre eux la concorde juste au moment où débouche

Le Char des Scarabées

où toute la gent des coléoptères prend ses ébats sur une gigantesque corbeille de fleurs, autour de laquelle voltige *Un papillon*, que poursuit

Le Char des Planètes

où ces dernières observent l'hémisphère à l'aide de longues-vues.

⁂

Un Marquis Louis XV, flairant une soubrette dans *La jeune fille jouant au cerceau,* court après elle, mais il se heurte contre le *Théâtre-Guignol* qui se range pour laisser passer *Les Brigands Calabrais* en embuscade autour du *Vésuve.*

A ce moment apparaît

Le Char des Cœurs d'artichaut

dont toutes les dames s'évertuent à arracher une feuille.

⁂

Nous avons essayé de donner une idée du tohu-bohu des masques, des chars, des mascarades qui prêtent aux fêtes du Carnaval une si vive animation, mais nous devons confesser que la plume est impuissante à retracer un pareil tableau, qui laisse loin derrière lui toutes les descriptions qu'on peut tenter d'en faire.

Il faut avoir vu cette mêlée générale, ce défilé burlesque sous le feu plongeant des fenêtres transformées en meurtrières, avoir pris part à cette bataille acharnée qui ne dure pas moins de quatre heures et où les fleurs et les *confetti* se consomment par boisseaux, pour se rendre compte exactement de ces fêtes merveilleuses dont la plume étincelante d'un Banville ou d'un Paul de Saint-Victor pourrait seule retracer les émouvantes péripéties.

Vers les cinq heures, le tumulte s'apaise comme par enchantement. Les tribunes, les loges, les fenêtres se dégarnissent petit à petit, tout rentre dans l'ordre. Chacun retourne chez soi pour procéder à un changement complet de toilette, la tête pleine du spectacle de la journée, étourdi, chancelant, fatigué, ahuri comme au sortir d'un rêve.

Mais on attend le lendemain avec impatience pour recommencer.

Deuxième journée. Lundi 28.

L'usage des *confetti* était interdit ce jour-là et la fête transportée Promenade des Anglais. Le public était convié à une course d'ânes, montés par des gentlemen-riders, comme on peut s'en assurer par le programme qui suit :

Mimi Bamboche.	MM. E. d'Audiffret
Peau de Satin..	Prodgers
Pomme d'Api..	Le duc de Montrose
Nuit de Noce...	Le prince de Furstemberg
Paméla........	Langford
Fleur d'Oranger	Fontana
Folle Ivresse ...	Capitaine Furner
Coureuse de Nuit	Dale Philips
La Palme......	Ascher
Vénus de Gordes	Simon

Inutile d'ajouter que ces messieurs portaient de magnifiques costumes de jockeys.

La première course a été facilement gagnée par M. Prodgers, montant *Peau de Satin.*

La seconde course (course à obstacles) a été vivement disputée entre MM. Fontana, montant *Fleur d'Oranger* et Prodgers, montant *Peau de Satin.* Ce dernier a pourtant gagné la course d'une bonne longueur.

Un *match* de consolation a terminé la journée et a été gagné par le prince Charles Egon de Furstemberg, montant *Nuit de Noce.*

Une foule immense s'était portée à cette occasion sur la Promenade des Anglais où se trouvaient échelonnées les musiques municipale, du 111me et du 50me de ligne.

Une innombrable quantité de voitures défilaient, dont plusieurs brillamment décorées, deux entre autres, une aux couleurs nationales et l'autre en noir et jaune.

En somme, charmante journée. On a eu à déplorer, par exemple, le manque absolu de mascarades. Le Comité fera bien d'imposer aux concurrents, l'année prochaine, le parcours de la Promenade des Anglais pendant la journée du lundi.

Troisième et dernière journée
Mardi 29

La folie est arrivée à son apogée ; ses grelots tintent encore plus joyeusement que le dimanche. Dès huit heures du matin, Carnaval est hissé sur un fauteuil colossal, ne mesurant pas moins de six mètres de hauteur, juste en face des tribunes de la Préfecture. Des guirlandes de lanternes vénitiennes sont disposées tout le long du Cours, sur la place de la Préfecture et dans la rue St-François-de-Paule. C'est d'un aspect aussi grandiose que coquet.

Dès midi, la lutte recommence plus impétueuse, plus implacable que jamais. La foule grossit d'heure en heure. La circulation des chars et des mascarades s'effectue difficilement. Le sol est jonché de fleurs et de *confetti* réduits en poudre.

Le Comité procède alors à la distribution des récompenses. Chacune de ses décisions — que nous donnons plus loin par le menu, — est accueillie par des bravos et des vivats répétés. Le succès grise vainqueurs qui bombardent, avec une ardeur nouvelle, le public qui les crible, de son côté, avec une énergie sans égale.

La mêlée prend des proportions homériques, chacun s'escrime de son mieux. Jeunes et vieux y prennent part. C'est le dernier jour du règne de Carnaval, personne ne veut le laisser passer sans combattre. La chute du jour peut seule mettre un terme à ces luttes passionnées.

A huit heures, toutes les lanternes vénitiennes s'allument avec une rapidité incroyable, grâce à un procédé particulier à M. Roubaudy, l'entrepreneur auquel a été confié le soin d'édifier les tribunes et d'illuminer le Corso.

Impossible de rêver un spectacle plus féerique que celui-là. C'est d'un effet merveilleux.

Entre temps, les trois corps de musique exécutent les plus gais et les plus entraînants morceaux de leur répertoire, tandis que la foule, excitée par ces accords joyeux, danse des rondes folles et se livre aux plaisirs les plus excentriques.

Six masques vigoureux font subir à un Carnaval de paille la peine de *la brimade*, qui consiste, à l'aide d'une couverte, à faire sauter en l'air ce mannequin tout dépenaillé à des hauteurs prodigieuses. C'est plaisir d'entendre les éclats de rire du public quand Carnaval retombe sur la foule.

Par intervalles, du bas du piédestal où

trône le vrai, l'unique, l'incomparable Carnaval, partent des fusées qui décrivent sur le fond noir du ciel des courbes lumineuses et, finalement, éclatent en gerbes de feux de toutes les couleurs.

Tandis que la foule s'amuse à ces jeux innocents, sur les tribunes et principalement dans la grande loge d'honneur du Comité, on joue aux *moccoletti*. Chacun tient à la main une bougie allumée. Le jeu des *moccoletti* consiste à protéger la flamme de sa bougie tout en cherchant à éteindre celle de son voisin. Rien de plus divertissant que ce va et vient de feux croisés, allant, venant, disparaissant et se rallumant; on dirait une armée de lucioles se jouant dans le lointain.

A dix heures, les bombes éclatent, mêlant leur bruit au crépitement des pétards, le feu prend aux pieds du fauteuil où *Carnaval* trône, impassible; la flamme vient lécher ses jambes sans qu'il s'émeuve le moins du monde. Bientôt ce grotesque symbole des folies humaines est environné de flammes, on dirait un martyr sur un bûcher.

En ce moment, la foule forme un cercle immense autour de ce vaste brasier et exécute une ronde infernale au milieu de l'allégresse générale.

Carnaval est mort !

Mais qui songe à le pleurer ?

Les trois musiques se réunissent, et, aussitôt, commence une splendide retraite aux flambeaux qui fait le tour du Cours et de la rue St.-François-de-Paul aux acclamations bruyantes d'une foule en délire.

*
* *

Nous ne devons pas oublier les principaux entrepreneurs de toutes ces fêtes. M. Bertieri a été chargé des peintures décoratives : c'est à son habile pinceau que sont dûs *Le blason de la Ville de Nice*, placé sur les Terrasses en face des tribunes du Comité, et le joyeux *Arlequin* et la sémillante *Soubrette* qui figuraient à l'extrémité de la rue St-François-de-Paule.

M. Garnier a construit le *Carnaval* et disposé sur l'estrade les pièces d'artifices.

M. Roubaudy a édifié les tribunes et organisé les illuminations.

M. Vigna a présidé à l'organisation de la *Fête de Charité*, si bien conçue et si parfaitement exécutée.

Citons aussi la terrasse Visconti, décorée très artistiquement, comme toutes les années précédentes.

Maintenant, la parole est au Jury.

DISTRIBUTION DES RÉCOMPENSES

Chars

Prix de Nice (3,000 fr.) — *La Garenne*.

Ce char a été conçu, exécuté et monté par MM. Musso Louis, Carro Honoré, Scala Joseph, Gagliardi François, Dulla, Cauvin Antoine, Conso Claudio, Spinetta François, Laurenzi Jean ; l'accorte paysanne, qui prenait si grand soin de ces intelligents rongeurs, était M. Blanchi Henri. Le char était conduit par M. Sazias.

∴

Prix de la Colonie étrangère (3,000 fr). — *La Cuisine renversée*.

Le plan de ce char a été dressé et exécuté par M. Cuggia, menuisier. En faisaient partie : MM. Cuggia, Spinetta.

Blot, Pellegrini, Bottini, Bensa, Luccio et Vaillant Antoine.

.˙.

Prix des Dames (3,000 fr.) — *Les Scarabées*.

Ce char a été construit par M. Donato et l'ornementation de la splendide corbeille dorée a été faite par M. Toche. Y figuraient, sous des costumes divers : MM. Baudoin, Sérac, Jeaume, Boniface, Mathieu Jérome, Giorgi, Ghis Fortuné, Gaziello Alexandre, Roux Joseph, Icart, Laurenzi Barthélemy, Laurenzi Antoine, Giassa et Otto.

.˙.

Prix de Monte-Carlo (2,000 francs). — *Cœur d'artichaut*.

Ce prix a été remis à M. Adrien Garlien qui était le grand ordonnateur de ce char.

.˙.

PRIX DES CAVALCADES

Prix du Comité (2,500 fr.). — *Les Diables.*

Cette cavalcade était sous la direction de MM. Mouton et Nigio, le premier représentant Pluton.

Y ont pris part : MM. Mouton François, Nigio Nicolas, Nigio François, Grunel Albert, Barraya Antoine, Franco Joseph, Monticoni Charles, Bonino Joseph, Zembelli, Odon Ange, Vial Jean, Cuesta François, Michel François, Polengi Salvator et Ambrosoli Louis.

.˙.

Prix du Paillon (1,000 fr.) — *Faust et Marguerite.*

Voici les noms et costumes des membres de cette cavalcade.

Faust : M. Strong, membre de la colonie américaine.

Méphisto : M. Warrick, fils du consul d'Angleterre à Nice.

Valentin : M. Fidèle, propriétaire du manége d'équitation à Nice.

Marguerite : M. Edouard, américain.

Diables : *noir et rouge* : M. Lambert fils aîné, négociant en antiquités.

Rouge et noir : M. Grangier fils, entreprise des omnibus de la ville.

Vert et marron : M. Mucaux, agent de change.

Marron et vert : M. Plésent cadet, rentier.

Rouge et noir : M. Salmon Eugène, rentier.

Vert et noir : M. Gilly, négociant en vins.

Rouge ponceau et noir : M. Lambert cadet, négociant.

Marron et vert : M. Rossi aîné, négociant.

Rouge et noir : M. Jury fils.

Rouge foncé et vert : M. Plésent aîné, pharmacien.

Le *piqueur des diables* n'était autre que le petit François Bell, du Cirque Américain.

Une grande partie de ces Messieurs ont fait partie des cavalcades des *Kabyles* en 1874 et des beaux et fringants *Hussards hongrois* en 1875.

La même société se propose de se former, dès à présent, en comité de *Jockey-Club de Nice*, afin d'arriver, pour le Carnaval de 1877, à organiser une cavalcade de quarante cavaliers, à laquelle pourraient prendre part, en qualité de membres effectifs et de membres honoraires, les jeunes gens de la colonie étrangère.

Nous serions heureux de voir le Comité des fêtes encourager une pareille idée, qui mérite de fixer, dès aujourd'hui, son attention

—

PRIX DES MASCARADES A PIED

1er prix, prix des Cercles (1,000 fr.) *Le Château de Monshako.*

La compagnie des *Gendarmes de Monaco* était composée comme il suit :

Capitaine........	MM. Brémond.
Sergent-major....	Bachelon Jacques.
Caporal	Reale.
Premiers soldats..	Gardon.
Id.	Merlo.
Clairons	Mascarelli.
Id.	Jacquet.
Cantinière	Bachelon Jean-Baptiste.
Enfant de Troupe.	Ardouin.
Maréchal-ferrant.	Magnico.
Gendarmes.......	Vial.
Id.	Vigon.
Id.	Fassy.
Id.	Parcdi.
Id.	Bonnaud.
Id.	Gauthier fils.

M. Roux représentait l'homme Blanc ; Mlle X... Monaco.

MM. Abesi, Valarin, Castelli, Alberti, Ramouin et Fossat figuraient *Rouge et noire, Pair et impair, passe et manque.*

.•.

Malgré tout le désir que nous avions de publier les noms de toutes les personnes qui ont pris part aux mascarades récompensées, comme il nous a été impossible de nous les procurer, force nous est de ne donner, pour les prix qui vont suivre, que les noms de ceux auxquels ils ont été remis.

.•.

Prix du Cours (500 fr.) — *Pharmacie infernale,* M. François Nicolas.

.•.

Prix du Malounat (200 fr.) — *La Noce villageoise,* M. Denis Contesso.

.•.

Prix du Sincaïre (200 fr.) — *La Flotte suisse*, M. Jules Fèvre.

.˙.

Prix du Rossignoù che vola (200 fr.) — *Les Autruches*, M. François Franco.

.˙.

Prix de li Sagna (200 fr.) — *L'Atelier des Tailleurs*, M. Marius Ciaudo.

.˙.

Prix supplémentaire (100 fr.) — *Les Chinois et le Serpent*, M. François Roux.

—

MASQUES ISOLÉS

Prix de Valrose (1,000 fr.) — *Le Poussin dans son œuf*, M. Jean-Baptiste Toselli.

Prix de 100 francs.

L'Incroyable .... MM. Guignard.
Le Chat................ Sauveur.

La Tortue, service de dépêches...............	M. Véran.
La Bouquetière.........	Mlle J. Navello.
La Roulette.............	MM. Gilette.
Le Bateau à vapeur.....	Raynaud.
L'Homme-Femme......	Castagnasso.
Le Kiosque Carnaval....	Gilles.

Prix de 50 francs

Le Mât de Cocagne.....	MM. Bertoliabé.
La Grappe de raisin.....	Bounard.
Le Tailleur à veste rouge.	Blancheri.
Le Coléoptère...........	Ripert.
Le Hibou...............	Seramoglia.
Le Paquet de tabac......	Gaglio.
La Paire de ciseaux.....	Mignon.
Le Rosier...............	Giordan.

.•.

PRIX DE BALCONS, FENÊTRES ET LOGES DE MAGASINS

1er prix de balcon, 200 fr. (Bains polythermes), M. Philippe Thibaud.

2me prix de balcon, 100 fr., M. Cyprien Arnulf.

Deux prix de fenêtres, 100 fr., M. Jean-Baptiste Conte.

1er prix de loge, 100 fr. (Magasin du Coin de rue), Mme Mure.

Un prix de loge, 50 fr. (Vive la ville de Nice), M. Paulin Guignard.

Un prix de loge, 50 fr., M. Pellion Mascarelly.

Un prix de loge, 50 fr., M. F. Giberge.

Un prix de loge, 50 fr., M. Marius Garnier.

.

Indemnités allouées aux auteurs des Albums et dessins reproduisant le plus exactement et le plus promptement les Mascarades du Carnaval.

M. Ternante, 250 francs.

M. Alexis Mossa, 100 francs.

COMPTE-RENDU FINANCIER

RECETTES

Montant de la souscription générale.....................	42.263 50
Produit du Grand Veglione....	7.970 »
Produit de la Vente de Charité..	29.720 30
Tribune de la Préfecture et prix des rosettes des Membres du Comité.....................	9.800 »
Total des Recettes...	80.753 80

DÉPENSES

Prix aux mascarades..........	20.150 »
Prix et dépenses de la course des ânes..................	1.485 »
Grand Veglione..............	4.775 40
Vente de Charité.............	9.300 10
Tribune de la Préfecture, décoration et ornementation de la ville......................	4.882 75
A reporter......	40.593 25

Report.....	40.593 25
Illuminations, éclairage électrique, feu d'artifice, retraite aux flambeaux..............	2.507 60
Bannières et rosettes............	2.512 »
Indemnité aux musiques........	1.426 »
Rémunérations diverses, gratifications à la troupe, aux services de surveillance et aux divers gens de service........	4.170 »
Logement, nourriture, rafraîchissements des musiciens et hommes de service..........	384 10
Frais d'impression et de publicité	2.352 »
Dépenses diverses..............	1.006 85
Total des Dépenses.....	54.951 80

RÉCAPITULATION

Recettes................Fr.	89.753 80
Dépenses..................	54.951 80
Excédant de recettes à employer en œuvres de bienfaisance....	34.802 »

Ainsi repartis :

Hôpital de St-Roch, dont 2,000 fr. pour vête-

ments et 3,000 fr. à la caisse
de l'hôpital............Fr. 5.000 »
Hôpital de la Croix............ 1.450 »
Bureau de Bienfaisance......... 2.000 »
Frères de St-Jean-de-Dieu...... 1.450 »
Petites-Sœurs des Pauvres...... 700 »
Hospice de la Providence (Cessolines)................. 600 »
Œuvre des crèches............ 1.000 »
Bon pasteur.................. 1.000 »
Conférence de Saint-François-de-Paule, des paroisses de Saint-Augustin, Sainte-Réparate et Jésus..................... 800 »
Salles d'Asile (pour vêtements).. 600 »
Monseigneur l'évêque........... 3.000 »
Asile des enfants (abbé Bosco)... 1.000 »
Pauvres honteux.............. 3.802 »
Temple Russe................. 400 »
Asile Evangélique............. 1.000 »
Culte Israélite................ 400 »
Fourneaux économiques........ 600 »
Fonds du Carnaval (réserve).... 10.000 »

Total......Fr. 34.802 »

Le président du Comité,
Duc de CASTRIES.

N'avions-nous pas raison de dire en commençant que la « profession de pauvre » à Nice menaçait de devenir extrêmement recherchée ?

.*.

Terminons par le chiffre officiel des voyageurs ayant profité des trains à prix réduits, et qui s'est élevé au nombre significatif de *douze mille huit cent quarante-neuf.*

.*.

Un comité permanent de Carnaval s'est constitué à la mairie le mardi 14 mars sous la présidence effective de M. Raynaud, maire de Nice et la vice-présidence de MM. Masséna, duc de Rivoli et du vicomte Vigier. Avant son départ pour Paris, M. le duc de Castries a accepté la présidence honoraire de ce comité, appelé à constituer, chaque année, au mois de décembre, l'organisation des fêtes de la saison.

Nous souhaitons à ces messieurs le même succès que cette année.

Vive Carnaval !

UNE HISTOIRE VRAIE

En 186..., à l'époque où il habitait encore la ville de..., à l'étranger, M. X... eut un jour l'occasion d'accompagner Mme de *** au cimetière. C'était le jour de la fête des morts. Mme de *** s'avança vers une tombe, s'agenouilla et déposa une magnifique couronne de fleurs. Le marbre du tombeau portait l'inscription suivante :

ICI REPOSE

le corps de M. Z...
ancien élève de l'école polytechnique
INGÉNIEUR
décédé à..... le.... 186...

Tant qu'ils furent au cimetière, M. X…
ne voulut pas troubler le recueillement de
Mme de ***. Il lui tardait bien cependant
d'apprendre de sa bouche même à quel
concours de circonstances elle devait de
connaître le jeune ingénieur.

Mme de *** répondit à la curiosité de
M. X.., en lui racontant l'histoire véridi-
que qu'on va lire.

« Il y a tant d'années, lui dit-elle, habitait à Paris l'un des plus grands et des plus
riches personnages de notre pays. Il avait
une fille, jeune et jolie. Dans la maison
fut reçu un parisien, garçon charmant et
distingué. Les deux jeunes gens se plu-
rent et s'aimèrent. Mais comment l'a-
vouer ? C'eut été peine inutile, car il ne
pouvait être question de mariage entre le
jeune homme, sans fortune et sans titres,
et la descendante d'une famille noble et

puissante. Cet empêchement, au lieu d'éloigner les amoureux, ne fit, au contraire, que les rapprocher davantage et plus intimement. Séparés par la naissance, les scrupules et les exigences d'un monde à cheval sur une branche de son arbre généalogique, tranquillement et nuitamment, ils allèrent à la rencontre l'un de l'autre en passant par le chemin de l'amour et arrivèrent, neuf mois après, au carrefour de la maternité. Au lieu d'ébruiter l'affaire, les parents de la jeune fille l'étouffèrent. C'était sage. L'enfant resta quelques années à Paris. Enfin, un jour, il quitta la France et vint ici, amené par la famille de sa mère. Le père, informé de la nouvelle retraite de son fils, n'hésita pas à le rejoindre. Il partit, lui aussi, de Paris, et arriva dans cette ville où nous nous liâmes, mon mari, lui et moi, d'une franche et bonne amitié. Son plus grand désir était de voir son enfant grandir sous ses yeux. Pour cela, il fallait qu'on le lui confiât. Il fit des démarches dans ce sens et réussit. Malheureusement, peu de temps après, le pauvre père tomba gravement malade. Se sentant perdu, il nous fit appeler, mon mari et moi, à son lit de mort. Et là, à la veille de rendre le dernier soupir, il nous demanda de regarder dorénavant son fils comme notre enfant d'adoption. Nous le lui promîmes de grand cœur. Cette consolation donnée à ce père frappé à la fleur de l'âge, il mourut tranquille sur le sort de celui auquel il eût été si heureux de consacrer sa vie. »

— Alors, cette tombe ?
— C'est la sienne.
— Et l'enfant que j'ai vu chez vous ?
— Son fils.

Quant à la fille du grand personnage, aujourd'hui mariée à un gentilhomme de son rang et de sa caste, elle était cet hiver à Nice, ce qui explique pourquoi nous avons raconté cette histoire.

PROFILS ET SILHOUETTES

LE BRETTEUR

Vis-à-vis de ceux qui ne le connaissent pas, il passe pour un homme sanguinaire, qui boit du Sauterne dans un crâne humain et dont la chambre est tapissée de panoplies significatives. Il n'y a pas eu un duel à Nice où l'on ne l'ait fait figurer, à tort ou à raison. Pourtant, ses amis — et ils sont nombreux — s'acharnent à dire que *le bretteur* est l'homme le plus serviable de la création. Ils ont raison, car *le bretteur*, qui a la tête près du bonnet — il faut bien en convenir — rachète sa vivacité italienne par des qualités qui le désignent à la sympathie de tous indistinctement.

M. BELLATRE

Quand les femmes de cinquante ans le voient passer, elles ne peuvent pas s'empêcher de s'écrier : — Ah ! qu'il est beau ! qu'il est beau ! bien qu'il n'ait jamais été le postillon de Lonjumeau. Il y a dix ans, quand on parlait de lui, on ne le désignait que par ces mots : « Le beau *** » Que les temps sont changés ! Un classique dirait : *Quantum mutatus ab illo !* M. Bellâtre, qui frise la cinquantaine, et qui frise aussi naturellement, se croit toujours « le beau *** » Il a des attitudes théâtrales qui font rêver, et, quand il marche, on croirait qu'il défile sous les yeux d'un escadron de jolies femmes.

Ah ! qu'il est beau ! mon dieu, qu'il est donc beau !

M. SILPOUVRT

A été député sous Louis-Philippe, ce qui nous dispense de donner la date exacte de sa naissance. A eu bon pied et bon œil. Malheureusement pour lui, le souvenir seul en subsiste... mais l'intention reste, hélas ! Ah ! si vieillesse !.... M. Silpouvet dirige volontiers son monocle sur les dames qui passent dans le rayon limité de son numéro 3, mais il est absolument déconsidéré aux yeux du sexe charmant auquel nous devons Mme Lagier, depuis qu'il a confondu cette dernière avec Mlle Nordmann. Une impure a dit de lui : — Cet aimable vieillard ne me déplairait pas, car il a vraiment *bon air!*

Nous demandons à nos lecteurs la permission d'ouvrir ici une parenthèse. Nous pourrions désigner les trois personnages dont les profils vont être esquissés, sous cette dénomination révélatrice : *Les fils d'Harpagon*, car ils ne passent pas précisément pour attacher leurs chiens avec des saucisses — comme on dit vulgairement. Ceci dit, sans autre importance, en avant le crayon !

M. GLOUTON.

Absolument laid. Avale les sandwichs par douzaines — comme s'il en pleuvait. C'est le seul luxe qu'il se permette, quoique millionnaire. Possède une fortune colossale qu'on ne lui reprochera jamais de gaspiller. On prétend qu'il sucre son café avec des vieux timbres-poste. Tous !

trois mois, régulièrement, il découpe ses coupons de rente échus et court acheter de nouveaux titres avec le produit chez le premier changeur venu. Quand on nous apprendra que M. Glouton s'est ruiné avec des demoiselles, nous nous ferons trappistes.

M. RAPIA

Allié à l'une des plus riches familles de Nice. Se distingue par une mise sordide. Premier pingre de la localité. N'a même pas le travers de M. Glouton, car il se contente d'un oignon *ou* d'une tomate pour chacun de ses repas. Croit fermement qu'on peut vivre très-largement avec 1 fr. 25 par jour. Nous serions très-surpris qu'il laissât son bien aux pauvres. Ne fera du bien qu'après sa mort.

M. DURALA DES TENTES

Jouit d'un certain renom dans la colonie étrangère, grâce à sa femme qui est une vraie mondaine. Boite du pied gauche et ramène. Solde en pleurant les mémoires des fournisseurs de sa femme, mais se rattrape en faisant des économies pour son propre compte. Très *dur à la détente* — d'où son sobriquet.

※

La série des fils d'Harpagon est épuisée.

Les avares ne font pas d'enfants — cela coûte trop cher à élever.

※

M. LHÉRITAGE

Possesseur d'une des plus belles propriétés de Nice. A fait fortune dans le commerce des tableaux, ce qui l'oblige à avoir l'air de s'y connaître en art. Sans héritiers. Est assiégé par une pléiade de jeunes filles qui briguent l'honneur de captiver... ses écus. Est resté sourd jusqu'à présent à ces sollicitations aussi pressantes qu'intéressées. On assure qu'il est dans l'intention de léguer tous ses biens à la ville de Nice, à condition pour cette dernière de convertir la villa Lhéritage en musée et de l'entretenir jusqu'à la consommation des siècles.

Signe particulier : — Ne couchera certainement pas les auteurs de cette silhouette sur son testament.

REVUES MENSUELLES

NOTES DE MON CARNET

Octobre.

Encore peu d'étrangers. Les promeneurs sont rares. Quelques voitures de maître seulement s'aperçoivent de ci, de là, sillonnant une place, traversant une rue. Les fiacres et les omnibus des hôtels, retour de la gare, transportent un nombre restreint de voyageurs, impatients de fuir les premiers froids de l'hiver.

Les magasins, semblables à une petite maîtresse attendant son amant, se parent élégamment. Ici, quai St-Jean-Baptiste, c'est M. Émile Prével, l'aimable propriétaire de l'*hôtel de la Paix*, qui préside à la toilette de son magnifique établissement. Plus loin, M. Brunel agrandit ses magasins de nouveautés, déjà très vastes. De ce côté, M. Decool, le couturier mondain, cherche de quelles décorations nouvelles il pourra bien doter ses salons d'exposition, de réception et d'essayage.

Partout, enfin, ce ne sont que frotteurs, cireurs, peintres, tapissiers, cirant, peignant, tapissant et frottant.

Au milieu de cet apprêt général, les réceptions se comptent. Citons néanmoins :

Un grand dîner au cap Ferrat, à Villefranche, chez M. Pollonnais.

Une soirée intime chez M. le comte d'Estienne d'Orvès, rue St-François-de-Paule. Sont au nombre des invités : Mmes Polliotti ; d'Espagnet ; la baronne de Wykerslooth; la comtesse de Balorre; de Daillan ; la comtesse de Clavesano ; MM. Charles de Pierrelas, de Robillard.

Une soirée à bord du *Franklin*, à Villefranche.

A London-House, un dîner de journalistes et de chroniqueurs mondains. Il s'agit de fêter la réapparition de la *Vie Mondaine*.

A bord du *Kléber*, un service religieux est célébré en l'honneur du rétablissement de la santé de M. le marquis de Castries, neveu du maréchal de Mac-Mahon. Après la cérémonie, réception en l'honneur de l'amiral américain Worden et de son état-major.

Au nombre des familles connues, sont de retour : Mme et Mlles Willis ; Mme de Guise; Mlles Arson de St-Joseph; Mlles Lacroix ; Mme et Mlles Bellotti; l'amiral et Mme

de Shertakoff; la famille de Sekariatine; Mme May; Miss Spang; Miss Leach; la princesse Gagarine; M. Doulcet; M. Withe; les familles Bishop, Hutchins, Seignette, Francia, Gambard; Mme Harris, villa des Rochers, route de Villefranche; deux nouveaux époux, M. le comte et Mme la comtesse Hélion de Barrême; le prince Kalimaki; Mme Rimski-Korsakow, une élégante qui, la première, à Paris, de toutes les grandes dames, osa conduire elle-même son équipage.

En même temps que le soleil de Nice reçoit ses habitués à rayons ouverts, l'amiral Ribotti, sénateur et ministre de la marine italienne, est reçu membre du cercle Philharmonique qui a M. le comte d'Aspremont pour président.

Alice de Nevers est jouée au Théâtre-Français devant une salle rappelant les plus beaux jours de l'hiver. Hervé en personne conduit l'orchestre, en habit noir et en gants blancs. Citons, pris au hasard, les noms du comte et de la comtesse de Villedon ; Mme Polliotti ; Mme d'Espagnet ; M. et Mme Vicaris ; Mme Meunier ; M. et Mme Félix Astraudo ; M. et Mme Dominique Astraudo ; M. et Mme Brès ; Mme Wykerslooth ; Mme de Ballore ; Miss et M. Gaganachi ; M. Katzarinoff.

Hervé et sa musique sont très applaudis. Et afin qu'il n'oublie pas de si tôt cet accueil chaleureux, M. Martin, chef d'orchestre, vient lui offrir, après le deuxième acte, au nom de l'orchestre, une superbe couronne de lauriers or et moiré blanc. Sur le ruban, brodée en lettres d'or, se lit l'inscription suivante :

L'ORCHESTRE DE NICE A HERVÉ
20 octobre 1875

La pièce est bien montée. Les costumes sont fort beaux. Signalons particulièrement celui de Mlle Marie Petit : corsage vert décolleté à la Marie Stuart, parsemé d'or et relevé de petits bouillonnés verts. C'est très élégant.

Retour des grandes manœuvres du 111me de ligne. La veille, à Cannes, un dîner est offert aux officiers de ce brave régiment par le Cercle Nautique. A la table d'honneur sont réunis : M. le maire de Cannes ; M. Béchard, vice-président du Cercle ; M. Rigal, conseiller général et tout l'état-major du régiment qui, le lendemain, rentre à Nice escorté par une foule nombreuse.

Me Lachaud vient plaider pour les sieurs Bermond père et fils, accusés d'assassinat. Le célèbre avocat obtient un grand succès de curiosité. Dans la salle du tribunal on se dispute les places. Beaucoup de dames, parmi lesquelles la gracieuse Mme Lepeytre, femme du conseiller à la cour d'Aix. Malgré la foule et grâce à la galanterie de M. Lepeytre, toutes les dames ont pu avoir des sièges, ce qui a fait dire à l'une d'elles :

— Pour nous, femmes, cette cour est bien nommée.

— Comment cela ?

— Dame, ne l'appelle-t-on pas une cour d'*assises* ?

Novembre.

Le prince et la princesse Amédée s'installent à San Remo où Leurs Altesses se disposent à mener, pendant tout l'hiver, l'existence la plus tranquille du monde. La duchesse d'Aoste, souffrante depuis longtemps, veut un repos qui est loin de régner à Monaco. C'est que la principauté, illuminée de bas en haut, resplendissante de lumières, rehaussée de décorations, ornée d'oriflammes et de banderolles de toutes espèces, tient à honneur de fêter dignement la St-Charles.

Aussi, chaque train venant de Nice ou d'Italie vomit-il des flots de curieux qui vont bientôt se répandant partout : sur la place, dans les jardins, sur les routes avoisinantes, au café et à l'hôtel de Paris.

La musique municipale, venue de Nice tout exprès, se fait entendre avec l'excellent orchestre du Casino, dans un concert d'harmonie d'un merveilleux effet. Un feu d'artifice, tiré par Ruggieri, sert d'épisode à la fête de la St-Charles qui, chaque année, nous cause de nouvelles surprises.

A Nice, dans une soirée chez Mme Brès, Mlle Brocchi, douée d'une voix charmante, chante au piano plusieurs morceaux qui sont fort écoutés et plus applaudis encore.

Pendant que Millie-Christine, la femme à deux têtes, est exhibée en public à raison de deux francs par personne, le *Cercle de Nice et des Alpes-Maritimes* procède à son inauguration, dans le local situé au-dessus du café de la Victoire et sous la surveillance de sa commission administrative composée de MM. Abbo, Blanc, Boutau, Chauvain fils, Corporandy, Dalmas, Donaudy, Emelina, Gal, comte Giletta, Prosper Girard, Levrot, Martin, Maunier, Michel, Randon, Maxime Sauvan, Scoffier, Semeria, Serraire, Vial.

PRÉSIDENT. — M. Gal.

TRÉSORIER. — M. Blanc.

SECRÉTAIRE. — M. Emelina.

Sont membres honoraires : MM. le Préfet des Alpes-Maritimes et le général de division Courson de la Villeneuve.

Après l'inauguration, la bénédiction d'une villa vient tout naturellement. A Montboron, la villa Antonoff est bénie par le pope de l'Eglise Russe, M. Walitzky. La cérémonie a eu lieu à midi et selon les coutumes moscovites, c'est-à-dire que le pope, recouvert de sa chape dorée, a parcouru toutes les chambres de la villa qu'il a bénies l'une après l'autre.

A six heures, grand dîner servi moitié à la russe, moitié à la française. Y assistaient : Mme et Mlle Barsckerseeff ; Mme et Mlle Sapogenikoff ; Mme de Romanoff ; Mlle de Babanine ; Mme Daniloff ; MM. le général Bouchlowizz ; de Yourkoff ; le docteur Lewitsky ; Saëtone ; Walitzky ; Albert Gauthier ; Emile d'Audiffret ; Cresci, directeur du théâtre italien ; Galula Delchiar ; le docteur Fighiera, etc. Le succès de la soirée a été pour Frédéric, le domestique nègre de M. Antonoff.

Autre bénédiction, par Mgr. Sola assisté de MM. les vicaires généraux Orengo et Pistarini, de la première pierre du couvent des sœurs Augustines. Par exception, les religieuses qui sont cloîtrées sortent au nombre de sept. Architecte : M. Barthélemy Donat.

Mlle Louise Berthal, des Variétés, meurt à Cannes d'une fièvre typhoïde.

A l'église russe, obsèques du général Tétefkine, ancien ministre des voies et communications et membre du conseil de l'Empire. On remarque dans l'assistance : MM. les généraux Dolgorouki, Comani et Baggowood ; le comte de Oresti et M. Piceroff.

M. Nicot, colonel du 111me de ligne, est mis à la retraite, sur sa demande.

Arrivée de l'escadre américaine composée des vaisseaux le *Franklin* et le *Congress*, des frégates *Juniata* et *Alaska*.

Formation par M. l'abbé Montolivo d'un musée attenant à la Bibliothèque municipale.

Décembre.

Les fêtes se multiplient — et les invités aussi. Aujourd'hui, réception chez M. Gambard où se font entendre le chansonnier Nadaud et Miss Deveys. Le lendemain, matinée dansante à la villa Olivetto, chez M. Drapper. Mme Drapper fait les honneurs de ses salons avec une grâce exquise. Mmes Hutchins, How ; Mlles Blanche et Annie Willis ; Mlles Worden, Bronson, Miss Robinson et la gracieuse

Mlle Howard sont charmantes d'entrain et de gaieté.

Quelques jours après, première matinée dansante au cercle Masséna où figurent Mmes de Guise, Decrais, la comtesse Tolstoy, d'Auvergne, Wals, Donnat, Meinier, Morin, Bonaffé, la comtesse Antoinette de Kreuly et Mlle de Kreuly, Mme et Mlle Neal, Mme Clément Rigat, Mme et Mlle Cox, Mme et Mlle Wouga, la comtesse et Mlle Nickoff, Mme Adèle Gibert, Mme Adèle Brès, Mme la générale Hélène Dymnau, comtesse Anna Tolstoy, Mme et Mlle Lay, Mme Robinson, Mme et Mlle J. Forbes, comtesse Kreutz et Mlle Kreutz, Mme Raziey-Wals, Mme et Mlle Dodsworth, Mme et Mlle Brook, Mme et Mlle Krentz, Mme et Mlles Lefèvre-Thévenin, Mme la générale de Villamow, Mme Wera de Koechly, Mme Bouland, Mlles Laurence, Falco,

Hertz, Dembroad, blonde comme les blés, Vernet et Moreteau.

Enfin réouverture des salons de la villa Emilie, qui compte parmi ses habitués : Mmes Starzinska, d'Auzac, Nicot, comtesse Malausséna, Miss Mac-Cann, le duc de Parme, MM. Caïs de Pierrelas, Lagnette, Chiris, Maurice Gros, colonel Zazestski, etc.

Viennent ensuite : un bal chez Mme Francia, boulevard Longchamp ; une matinée chez Mme Lacroix. Mlle Francia, dans la cavatine du *Barbier de Séville* et Mlle Lacroix dans le grand air de *Mignon*, sont très applaudies ; une soirée musicale chez Mme Willis, villa Lions, promenade des Anglais ; autre réunion musicale chez Miss Howard ; matinée chez Mme de Skariatine ; concert à la villa Valrose où se réunissent habituellement MM.

le prince Develette, le comte d'Eorestis et Mlle d'Eorestis, le baron de Nervo et Achille Girard.

De son côté, le cercle de la Méditerranée reprend ses matinées dansantes, tandis que M. le Préfet offre un grand dîner en l'honneur du duc et de la duchesse de Castries et de M. Patrice de Mac-Mahon, fils du Président de la République.

Autre grand dîner, mais celui-ci au Cercle Philharmonique et par souscription. La société se compose de MM. le comte d'Aspremont, président du cercle; le comte Celebrini, vice-président; amiral d'Auvarre; Lionel Allardi; Félix Astraudo; Dominique Astraudo; Blanchi, avoué; Alfred Borriglione, conseiller général, aujourd'hui député; Bonfils; Brès, conseiller municipal; Cardon, avoué; de Clausade; Philippe Curti; Durandy, conseiller général; Dieudé-Defly, architecte du département; Arthur Douis; Eugène Escoffier, conseiller général; Feraudi, conseiller municipal; comte Garin; Jules Gilly, adjoint; Alfred Gillette; commandant Jouan; chevalier Lancierez; Albert Lacroix, banquier; Fernand Lagarrigues; Loupias, conseiller municipal; l'abbé Montolivo; T. Milon de Verraillon; Benoît Mayrargue; Toselly, adjoint; Rozy; etc.

Aucun toast n'est porté. Seul, M. le comte d'Aspremont, en sa qualité de président, prononce une courte allocution et lève son verre à la prospérité et à l'avenir du cercle. Les membres anciens et les membres nouveaux du cercle Philharmonique répondent à ces paroles par de bruyants applaudissements.

La veille de Noël, à l'hôtel Chauvain,

grand bal et soirée musicale. On y remarque Mlles Gordon-Frielol, Massachusset, Sallamanca et Cooper.

A l'occasion des fêtes de Noël, bal d'enfants chez Mme d'Orego. Parmi les plus jeunes et les plus élégantes mamans, rappelons Mmes Moliner de Elizarde, Gonzalès-Moreno et Lervin de Ecortondo.

A London-House, dîner de quatorze couverts offert par MM. le comte de Tournon, Mayer (de Vienne) et d'Audiffret.

Les invités sont : Mmes Malone, Bouland, Gréville et Prodgers; Mlles Anna et Théo Robinson; MM. Langford, Malone, Bergerault, Prodgers et baron Roissard de Bellet.

Signalons, parmi les nouveaux arrivés : M. et Mme Henri Houssaye; le duc de Villafranca; le général américain Stock; la famille de Pletscheieff; M. Meissonnier, le fils du célèbre peintre ; René Dennetier, le frère de Dennetier *The Clark of the course*; M. et Mme Lewin; Mme et Mlles Duran ; M. Edgard Rodrigues, ex-chroniqueur du *Figaro* ; M. Edmond Benjamin ; Mme la comtesse Pernetti ; Mme Lebreton, ex-lectrice de celle qui fut Impératrice des Français ; MM. Alfred de Boispréaux, Aurélien School, le spirituel auteur des *Amours de Cinq Minutes*, et le prince Demidoff à Monte-Carlo.

A Notre-Dame de Nice, obsèques de M. A. Gallois-Montbrun, conservateur des archives départementales, ancien conseiller de cour d'appel et chevalier de la Légion d'honneur.

Au Théâtre Français, disparition de M. Raucourt. Cet artiste, après avoir joué la comédie, joue maintenant ... des jambes.

Janvier.

La vie mondaine devient une fièvre. Il n'y a plus de repos possible pour ceux qui s'amusent. Tout est sacrifié aux distractions. Les plaisirs succèdent aux fêtes. Ce ne sont partout que dîners, soupers, réceptions, matinées dansantes, bals, concerts et picks-nicks. Les couturières ne savent où donner de l'aiguille, les femmes de chambre sont sur les dents, les coiffeurs arrivent chez leurs clientes en retard de trois ou quatre chignons, les maris demandent grâce, les frères s'avouent vaincus. Seule, la femme dompte la fatigue et résiste au sommeil.

Le jour, elle se promène ; le soir, elle va au théâtre ; la nuit, elle danse. Reste le matin — pour recevoir les fournisseurs. Quant à avoir un moment de calme ou de tranquillité, si elle y songe, c'est pour se dire que le carême viendra toujours assez tôt. En attendant, placée comme elle l'est sur la pente glissante des amusements, elle se laisse aller au courant qui l'entraîne, enivrée de parfums, fière de sa beauté, avide de compliments, pleine de séductions et jalouse de ses rivales. Elle tourbillonne follement, apparaissant ou disparaissant au gré des vagues de l'océan mondain dans lequel elle prend ses ébats, et cela jusqu'au moment où, dans sa course vertigineuse, elle est arrêtée brusquement par cette barrière infranchissable qui s'appelle le mercredi des cendres. Et alors, elle fait une halte de quelques instants dont elle profite… pour reprendre haleine.

Parmi les nouveaux arrivés, se trouvent :

A Cannes : la Reine de Hollande voyageant sous le nom de comtesse de Buren; le prince d'Orange.

A Nice : le vice-amiral comte de Clavesana ; le baron de Dorlodot ; le duc de Montrose ; Georges Payne ; H. Crashan ; le marquis d'Angosse ; Charles d'Espoul de Paul ; le baron Finot ; A. Deschêne ; de Campollion ; Gallais ; Schibenbach ; duc de Massa ; A. de Lignères, commandant l'école de cavalerie de Saumur et commissaire spécial des courses militaires ; Staub ; A. Dubos.

A Monte-Carlo : notre charmant confrère du *Figaro*, Gustave Lafargue, dont la santé, au contact du soleil monégasque, s'améliore de plus en plus.

Un riche baptême a lieu à la chapelle

de la villa Marie-Louise, montée de Villefranche. C'est celui de Mlle Gisèle de la Grange, fille du marquis de la Grange.

Le baptême a été donné par Mgr. Dupanloup, évêque d'Orléans, assisté d'un grand-vicaire et d'une partie du clergé de Ste-Réparate et de l'église du Port.

A la cérémonie a succédé un somptueux déjeuner.

Très agréable soirée musico-dansante chez Mme Prodgers. Le duo des *Marinari* (marins), de Rossini, chanté par MM. Bettini et Cresci, obtient un vif succès.

Au premier grand bal de la Préfecture, on remarque particulièrement : Mme Malone, la valseuse la plus correcte et la plus intrépide de toute l'Angleterre ; la marquise d'Abzac ; Mme de Grancey ; Mme Bulau ; Mme de Gunzbourg ; Mlles de

Skariatine, Courson de la Villeneuve et Pollonnais.

Bal à la villa Francia, première réception de Mme How et bal des Cessolines à l'hôtel Chauvain, sous le patronage de :

MMlles d'Acchiardi,
    Alexandrine Boutowski,
    Bueno,
    Ladies Marguerite et Laure Dundas,
    Mathilde de Cessole,
    Elisabeth et Nathalie de Gerstenzweig,
    Alice Henderson,
    Hélène et Elise Howard,
    Leach,
    Mathilde Moreno-Gonzalès,
    Blanche Pringle,
    Marie de Skariatine,
    Spang,
    Annie et Blanche Willis.

Les commissaires sont :

MM. Emile d'Audiffret,
Arthur Douis,
Capitaine Blount,
Anatole Chevalier,
Chapin,
Duc de la Conquista,
Escoffier,
Francia,
Albert et Michel Gauthier,
Godard-Decrais,
Goubaroff,
Comte Grabowski,
Maurice Gros,
René de Maulde,
Comte Marcoff,
Baron de Nervo,
Pensky,
De Pierlas,
Piccon,
Marquis Ricci,

MM. Georges de Robillard,
   Rozy,
   Saëtone,
   Ralph Schropp,
   Comte de Tournon,
   Roméo de Villeneuve-Bargemon,
   Prince de Wrede.

Ce bal, auquel assistent plus de trois cents personnes, jouit d'une grande animation. Le cotillon, dansé à la russe, est conduit par MM. Maurice Godard-Decrais et Penski.

Au nombre des intrépides danseuses, citons: Mmes la comtesse de Brandorff; la comtesse de Starzinska; d'Auvergne; Mlles Mathilde de Cessoles, Anna et Blanche Willis, Bueno, Moreno-Gonzalès, Brooks.

Parmi les danseurs: MM. le prince Abachidzé, en grand uniforme de la garde circassienne de l'Empereur de Russie ; le duc de la Conquista; le prince Altomonte; le prince de Wrede ; le duc de Parme; le comte de Cessole ; le comte d'Aspremont; d'Auzac, etc.

A Monte-Carlo, dîner annuel offert par l'administration à la presse parisienne. Une quarantaine de convives. Voici le menu, dressé par M. Salerou.

HOTEL DE PARIS

Huîtres d'Ostende.

POTAGES
Tortue anglaise et Consommé Régence.

HORS-D'ŒUVRE
Petites caisses d'écrevisses à la Nantua.

RELEVÉS
Turbot sauce Hollandaise et Genevoise.
Filet de bœuf piqué à la Godard.

ENTRÉES
Bécasses à la Monaco
Côtes d'agneau aux petits pois nouveaux.

Mayonnaise de homard en couronne.
Sorbets au champagne.

RÔTS

Quartier de chevreuil sauce poivrade.
Poulardes du Mans truffées sauce Périgueux.
Jambon d'York à la gelée.
Salades Russes.

ENTREMETS

Asperges en branches.
Ceps à la Bordelaise.
Bombe à l'Espagnole.
Pièces montées.

DESSERTS ASSORTIS

VINS BLANCS

Amontillado. — Château Iquem 1861. — Rœderer et Veuve Cliquot frappés.

VINS ROUGES

Grand St-Julien. — Château-Latour grand vin 1864. — Romanée.

Le samedi suivant, dîner des tireurs.

Ont reçu régulièrement, cet hiver :

Le Dimanche. — Mmes Prodgers, Pollonnais, Lacroix, Arson, la comtesse de Cessole.

Le Lundi. — Mmes Decrais, Mac Vickar, Nicot, la comtesse d'Aspremont, la vicomtesse Vigier, le Grand-Hôtel, la marquise de St-Aignan.

Le Mardi. — Mmes de Pau, Sabatier, Spang, Harris, Drapper, Hyginius Tiranty.

Le Mercredi. — Mmes la comtesse Robiglio, Henderson, le Cercle de la Méditerranée.

Le Jeudi. — Mmes Hutchins, Howard, May, la comtesse del Borgo.

Le Vendredi. — Mmes Skariatine, Walley, Seignette, How, d'Auvergne.

Le Samedi. — M. Gambard, le Cercle Masséna, M. Tatcheff.

Un service organisé par les soins de MM. Avette, Sardou et Thénard est célébré à l'église Notre Dame-de-Nice pour le repos de l'âme de Déjazet. La messe exécutée est celle du maêtro Generali, professeur de Rossini. MM. Cresci, Gnone, Duplessy, Morel, Dugas et Campagnolo ont chanté les soli.

A l'élévation, M. Charles Carré exécute sur son violon, avec accompagnement d'orchestre, une « prière » de sa composition. L'orgue est tenu par M. Rabutau.

Réception princière à la villa Valrose, chez M. Von Dervies. Le dîner est servi dans la grande salle des concerts. L'orchestre, intelligemment dissimulé derrière un immense fouillis de fleurs et d'arbustes, fait entendre, durant le repas, ses meilleurs morceaux. Sur le passage des convives se tiennent des suisses et des hallebardiers en magnifiques uniformes.

Les invités sont au nombre de cinquante. A table, à la droite de M. Von Dervies, prend place Mme Decrais; le prince de Furstenberg est à la droite de Mme Von Dervies et M. le Préfet à sa gauche.

Le premier grand bal du cercle Masséna a été très somptueux. On y remarquait: Mme Tabar; Mme Potowska; Mme de Sabouroff; Mme de Pierrelaie; Mlles Czernowicz, Jaukouska, de Villamow; MM. le comte de Montalembert, de Galliff-Guérin, le commandant Ramakers; le commandant Outhier, les officiers du *Kléber* et ceux du 50me de ligne, MM. de Parade, Guébart, etc.

Le mois se termine par un autre grand

bal donné dans la salle des concerts du Casino de Monte-Carlo. On court donc au devant de février.... en dansant.

Février.

Un grand mariage russe.

Le prince Kantakousinn, secrétaire de l'ambassade russe à Paris, épouse Mlle Souwaloff, fille du comte Souwaloff, maître de cour de l'Empereur de Russie.

Les plus hauts fonctionnaires de la colonie russe assistent à la cérémonie. Ce sont : le comte et la comtesse Kotchoubey, la princesse Dolgorouky, la famille Skariatine, M. et Mme Rebender, la famille Besobrasoff, M. et Mme de Boch, M. de Maltzoff, M. Miklachefsky.

Lemercier de Neuville et ses *pupazzi* se prodiguent de tous côtés : à Monaco et dans les salons de Nice.

Grande soirée chez Mme Jules May. S'y trouvent réunies : Mmes Conneau, Daudel, Pollonnais, Bouland, Spang, Nicot, comtesse Calabrini, comtesse de Malausséna ; Mlles Hornitz, May, Bronson, Roissart de Bellet, Pollonnais, Conneau, etc.

Apparition des *Concerts classiques en France* par Eusèbe Lucas, chef d'orchestre du Casino de Monte-Carlo.

Mars.

Le comité du Carnaval, voulant avec raison encourager la publicité due au crayon des dessinateurs, accorde un prix de 250 fr. à l'album illustré le plus méritant. L'heureux vainqueur de la timbale est M. Amédée Ternante, un artiste de talent.

Le *Skating-Rink* devient de plus en plus le rendez-vous de la bonne société.

On y rencontre fréquemment : les familles Borcel, Dundas, Arson de St.-Joseph, Mmes la comtesse Stokau, la comtesse Zamoisky, la comtesse Bouxhuden, le comte et la comtesse Garin, la baronne Jagnet, la baronne Bianchi, Mlles Lloyd et Olgar surnommées *the most graceful skaters*, lady Egerton, Miss Malone, Mlle Nilsonn, la comtesse Baunchester, etc. Parmi les hommes, tout le *high-life*.

Les règles du patinage sont celles-ci :

1° Se vêtir de costumes courts s'arrêtant à dix centimètres du sol au moins.

2° Chausser des bottines à talons bas.

3° Glisser le corps penché en avant.

Quant à la haute école, comprenant la description de cercles ou de figures variées, elle ne s'acquiert qu'avec la pratique.

Formation d'un comité de postes de sauvetage. Le bureau définitif est ainsi composé :

Président d'honneur. — M. le Préfet des Alpes-Maritimes.

Président. — M. Jules Gilly, adjoint.

Secrétaire. — M. le docteur de Labordette.

Trésorier. — M. Adolphe Sicard.

Grande fête musicale au cercle Masséna avec le concours de Mmes Varesi-Boccabadati, Peschard, Géraldine et Jensey; de MM. Cresci, Bettini et Seligmann. Très belle réunion.

Nomination de M. Decrais à la préfecture de Bordeaux. Son remplaçant est M. Darcy.

A l'*Asile des Enfants pauvres* de la montée de Cimiez, tirage d'une loterie organisée sous le patronage de Mmes Decrais, de Labordette, de Mlle de Labordette, etc.

Nous souhaitons, chers lecteurs, que vous gagniez... quelque plaisir à lire ce livre.

Votre satisfaction sera... notre lot

LES CONCERTS

De tous les concerts du littoral méditerranéen, ceux de Monaco sont spécialement suivis et particulièrement goûtés. L'administration des Bains de Mer, qui a pour directeurs MM. Blanc, Henri Wagatha et Frédéric Stemler, s'efforce, chaque hiver, et victorieusement d'ailleurs, de répondre à l'attente de la colonie cosmopolite et aux véritables amateurs de bonne musique. Elle sait choisir, parmi les artistes parisiens et étrangers, les plus célèbres. A Monte-Carlo, tout se complète. Au reste, le brillant orchestre que dirige M. Eusèbe Lucas ne saurait accompagner des médiocrités, pas plus que les habitués du kursaal ne voudraient les écouter.

Les concerts de Monte-Carlo ne sont pas seulement remarquables par leur multiplicité, ils le sont encore par leur variété. Tous les goûts, tous les sentiments, toutes les tendances trouvent une satisfaction à leur exigence. Après les concerts classiques, qui ont lieu tous les jeudis, l'opérette; après les chanteurs, les instrumentistes. Les fidèles sont nombreux et la salle des représentations est souvent trop petite. Mais on l'agrandira, comme on a agrandi les salons de conversation, comme on a agrandi l'hôtel de Paris. En attendant que l'architecte donne, en levant sa baguette magique, le signal du premier coup de pioche, nous allons brièvement rappeler les noms des artistes dont le passage à Monaco a été, durant ces derniers mois, souligné d'applaudissements, de fleurs et de rappels. Procédons par ordre de dates.

Voici d'abord Mlle Thérèse Castellan, violoniste, très applaudie dans l'andante et l'allegro du 7me *Concert* de Beriot et la fantaisie d'Alard sur *Faust*. Mlle Carol est très goûtée, le même soir, dans l'air des *Dragons de Villars* et dans celui des *Noces de Jeannette*.

Mme Pauline Lucca, la cantatrice berlinoise, et Sivori, l'incomparable violoniste, leur succèdent. L'ovation faite à ces deux artistes est des plus chaleureuses. Comment en serait-il autrement? La Lucca a obtenu les plus grands succès à Vienne et à Berlin, et Sivori les a eus partout.

Dans un autre concert se font entendre

Mlle Manotte, pianiste, et M. Koffer, chanteur tyrolien.

Après eux, signalons Mlle de Reszké, du grand Opéra de Paris et M. Batta violoncelliste. Mlle de Reszké, une jolie blonde, est surtout très applaudie dans la romance de Polloni : *Noi che amavano tanto* et dans le boléro des *Vêpres Siciliennes* de Verdi. De son côté, Batta exécute, avec ce talent qui lui est particulier, la fantaisie sur l'*Africaine*, l'*Ave Maria*, le *Chant d'une mère* de Schubert, l'*Adagio religioso* de Vieuxtemps et le *Souvenir de Monte-Carlo*, qui est de sa composition.

Nous voici maintenant en présence de Mme Fursch-Madier, mezzo-soprano, de M. et de Mme Ravina et de Delle-Sedie, ex-baryton du théâtre italien de Paris, auquel revient la plus grande part du succès dans la romance de Donizetti : *Maria di Rudenz*, dans la *Rêverie* de St-Saens et une *Tarentelle* de Rossini.

Saluons à présent Mlle Hisson, M. Lassalle du Grand Opéra auquel on a fait bisser la mélodie de Gounod : le *Soir* et que l'on a très applaudi dans l'air du *Pardon de Ploërmel*, et enfin le célèbre hongrois Remenyi, violoniste de S. M. l'Empereur d'Autriche. La *Sérénade* de Schubert et le *Caprice* de Paganini ont eu une exécution aussi impossible à rendre qu'agréable à entendre.

Cette jeune femme, adorablement jolie et infiniment gracieuse, c'est Mme Théo, du théâtre des Bouffes-Parisiens. Impossible d'oublier le double plaisir de l'ouïe et des yeux que nous a causé la ravissante artiste dans le duetto du *Péage* qu'elle chante avec l'auteur, M. Planquette.

Comme elle est également charmante dans la *Confession de Rosette,* saynète inédite de M. Pierre Véron, l'organisateur des fêtes de cette saison ! Un ténor, M. Devilier, et un guitariste, M. Boch, ont, eux aussi, fait énormément plaisir.

Après Mme Théo, Mme Engalli (lisez princesse Engallitscheff), Mlle Mauduit et le violoncelliste Braga font les délices des *dilettante* de Monte-Carlo qui ont ensuite la bonne fortune d'applaudir Mme Volpini, une des plus grandes cantatrices italiennes. Dans le duo d'*Elisir d'Amore* avec Zucchini, dans l'air de *I Puritani* et dans le duo de *Don Pasquale,* Mme Volponi s'est montrée cantatrice consommée. Excellent! Zucchini dans le grand air bouffe de *Don Bucéphale.*

.˙.

Outre les artistes que nous venons de nommer, Edmond Girard a, cet hiver, soit au Théâtre Français ou aux Italiens, soit au cercle Masséna ou au cercle de la Méditerranée, soit à l'hôtel Chauvain ou à la pension Milliet, chanté la gloire de Mme Briani, cantatrice; Mlle Thérésa Castellan, violoniste; Mlle Carol, cantatrice; Mme Conneau, cantatrice; Mlle Marie Deschamps, organiste sur harmonium; Mme Louise Grimaldi, cantatrice; Mlle Zoé Molé, cantatrice; Mlle Manotte, pianiste; Mlle Marcellini; Mlle Eugénie Pauly, cithariste; Mme Perny, pianiste, Mlle Van-der-Beck, cantatrice, et enfin de MM. Battanchon, violoncelliste; Carré, violoniste; Léopold Imbert, violoniste-amateur; comte Marco-Sala, pianiste-amateur; Memnk-Levy, violoniste; Perny, organiste, ainsi que MM. Biaggini, Bignotti et Pattette, pianistes-accompagnateurs.

Il n'est pas jusqu'à l'Homme-Protée qui n'ait eu, lui aussi, son petit succès au Théâtre-Français.

Il résulte donc de la nomenclature des noms qu'on vient de lire, qu'à Nice plus que partout ailleurs, c'est de la musique *qu'on sert*.

*
* *

Les artistes engagés pour la saison et composant la troupe du Théâtre Français sont : Mmes Marie Petit, Mary Duplessy, Antonia Vial, Nordmann, Gardel-Hervé, Mathilde, Jensey, Adèle Lagier, Houder, Albisson, Brunet, Angèle, Mélanie Lagier, Ernestine Delahaye, Morel, Amélie et Combe;

MM. Duplessy, Serret, Tiste, Gardel-Hervé, Morel, Pougin, Stanislas, Bacot,

Achard, Bachimont, Lyonel, Antonin et Sault.

Au théâtre italien : Mmes Giuseppina Pasqua, Eleonora Mecocci, Carolina Dory, Costanza Pirovano, Maria Sonino ; MM. il cavaliere Alessandro Bettini, Armandi-Villa, Valle Giovanni, Stefani Arturo, Gnone Napoleone, Barabino Lorenzo, Tagliapietra Tommaso, Scheggi Giuseppe, Colleoni Cesare et Nicolao Federico, chef d'orchestre.

MÉDAILLONS ET CAMÉES

(Première série.)

MADEMOISELLE AIMÉE

Une cascade de diamants... cascadant. A fait fortune en Amérique. Possède environ pour 800,000 fr. de brillants qui ne doivent rien à personne, ajoutés à 25,000 livres de rentes. Peu prodigue. Bonne camarade. A fait le caprice de bien des gens, entre autres d'un officier de Rio-Janeiro, lequel lui écrit des lettres passionnées à chaque départ des messageries. Elle reçoit les missives, les décachète, les lit et les met de côté. N'a jamais songé à autre chose.

Signe particulier : A toujours été ce que dit son nom.

MADAME THÉO

Une miniature. A fait tourner et détourner bien des têtes. Une voix charmante et une adorable façon... mutine de dire les choses. Jolis yeux, jolie bouche, jolies dents, jolies mains, jolis pieds. Blonde comme les blés. S'est mariée pour échapper au séjour de la pension. Ne compte que des amis qui ont été, sont ou seront des adorateurs.

Ingénue et espiègle, souple et fine, délicate et enjouée, simple et bonne, voilà Théo.

MADAME PESCHARD

Ceux qui l'ont connue au beau temps de *La Timbale*, élancée, maigre et fluette, ont peine à la reconnaître aujourd'hui sous cette enveloppe étoffée qui la recommande aux amateurs de formes rebondies. Mais il est une chose sur laquelle les pilules dioscorées n'ont aucune influence, c'est sur le talent et sur l'élégance native qui constituent les plus beaux fleurons de la couronne artistique de Mme Peschard.

Signe particulier : Conserve à la ville, sous le costume de son sexe, les manières cavalières qui font son succès à la scène sous l'habit masculin.

.˙.

(Seconde Série)

GIOJA

Toute jeune, Gioja se prit à dire : « Je veux des princes, je veux des rois et je les aurai. » Et elle les a eus. Est née à Milan. Jolie tête, très sympathique. Grande et bien faite. Possède 60,000 livres de rentes, des diamants à profusion, un hôtel à Paris, rue Bel-Respiro, et une villa, 77, promenade des Anglais. Doit une partie de sa fortune à un duc célèbre. Reçoit souvent et très-bien.

Ses amis prétendent qu'elle est « femme pour têtes couronnées. »

SOUBISE

Un esprit du diable joint à une grande distinction et à un tact excessif. Une mémoire prodigieuse. Connaît tout le monde. A toujours à sa disposition une anecdote à raconter. Malheureusement très myope, ce qui lui fait quelquefois prendre un fournisseur pour un camarade. La roulette et le trente-et-quarante ne lui sont pas plus favorables l'un que l'autre. A cependant, une fois, gagné trente mille francs avec un double frédéric. A une maison à Paris et une villa promenade des Anglais, 89.

Signe particulier : Ne manque jamais de dire quand elle perd au jeu : « Oh ! ma chère, quelle déveine, quelle infamie, quel malheur ! »

ROSALIE LÉON

Petite, maigre, blonde. Native du village d'Anquipasa (Finistère). Grande fortune. Des goûts de princesse. Veut de la terre et des vassaux. Dit « mes serviteurs » en parlant de ses domestiques. A su captiver un homme d'esprit, de sang allemand, le prince W..., aide de camp de l'Empereur de.... Très comédienne. A la ruse des normandes, quoique bretonne. Est propriétaire d'une ferme en Bretagne, d'un hôtel à Paris, rue Dumont d'Urville et d'une villa promenade des Anglais, 65.

Signe particulier : A pour devise :
« Je suis bretonne et mon drapeau est blanc. »

PHALÈNE

Phalène ou *papillon de nuit*, blonde, mignonne et chétive, et, chose singulière, ennemie jurée des fêtes et des soupers. A voir cette petite femme au tempérament maladif, on ne soupçonnerait jamais de quelle rare énergie elle est douée. Enrage d'être condamnée à passer l'hiver à Nice pour raison de santé. Ne rêve que voyages ; a parcouru la Russie, la Tartarie et la Perse d'un bout à l'autre et ne demande qu'à recommencer. Situation de fortune très brillante grâce à la haute protection de deux des rois de la finance. Possède une villa Promenade des Anglais 99, et son petit hôtel à Paris.

Signe particulier : Va partir incessamment pour Philadelphie et parle de faire ce voyage comme vous et nous parlerions d'aller faire une promenade à Saint-Germain.

HENRIETTE SAINT-CLAIR

Blonde et des dents splendides. Rêvait sa petite villa promenade des Anglais, mais on lui a demandé des sommes !!! Va se rabattre sur un hôtel à Paris. Adore les porcelaines, les faïences et les bibelots de prix. A juré qu'elle doterait la France d'un musée de plus. Ne déteste pas taquiner la roulette.

Signe particulier : Ne préconisera certainement pas la teinture *acajou* à laquelle elle doit la perte de cheveux magnifiques qui mettront sans aucun doute quelques années à repousser.

SAXON-LES-BAINS

Canton du Valais (Suisse)

—

Les eaux de Saxon sont les plus iodées de toutes les sources connues. L'analyse en a été faite à diverses reprises par d'éminents chimistes, et, en dernier lieu, par M. Ossian Henry. Il résulte de ces nombreuses expériences, et tout spécialement des tableaux comparatifs dressés par le docteur Bergeret de St-Léger, que l'eau iodée de Saxon-les-Bains n'a pas de rivale. Elle contient, en outre, du brome en quantité notable, ainsi que des traces de phosphore et d'arsenic.

L'eau de Saxon s'emploie sous toutes les formes : boisson, bains, douches, vapeur, inhalation. Il n'en existe peut-être nulle part de plus efficace contre les accidents tertiaires de la syphilis, les diverses variétés et transformations de la maladie scrofuleuse, ou mieux de ce qu'on appelle communément le lymphatisme. Les succès obtenus, grâce à son emploi, pour la résolution des engorgements et des tumeurs, se comptent par milliers. Cette eau supporte parfaitement le transport; il s'en fait à Paris une consommation considérable.

L'installation balnéaire est des plus confortables et des plus complètes, à tous les points de vue.

L'élégant Casino de Saxon-les-Bains est trop connu désormais du monde touriste pour qu'il soit nécessaire d'en énumérer les agréments. Il reste ouvert toute l'année, ainsi qu'autrefois le Kursaal de Hombourg, et maintenant encore, comme le Kursaal de Monaco. De même que dans ce dernier établissement, on trouve à Saxon-les-Bains : 1° Jeux publics autorisés de roulette et de trente-et-quarante; 2° Salon de lecture ; 3° Salles de conversation ; 4° Concerts chaque jour ; 5° Théâtre trois fois par semaine.

TABLE DES MATIÈRES

Préface	7
Les Parterres de Nice	13
Le Joueur habile	37
Profils et Silhouettes	40
Souvenirs et propos de joueurs	46
Les Courses	64
Un Bal masqué chez Mme Sabatier	82
Profils et Silhouettes (suite)	100
Le Tir aux Pigeons de Monte-Carlo	106
Incidents	123
Souvenirs et propos de joueurs (fin)	131
Les Fêtes du Carnaval	140
Une Histoire vraie	209
Profils et Silhouettes (fin)	214
Revues mensuelles	221
Les Concerts	256
Médaillons et Camées	265